KARIN BECKER

KARIN BECKER

KARIN BECKER

KARIN BECKER

KARIN BECKER

KARIN BECKER

KARIN BECKER

EN BUSCA DE LA VERDAD: ENTREVISTAS DESDE EL CONFINAMIENTO

POR KARIN BECKER PESSOLANI

KARIN BECKER

ÍNDICE

1. YUAN LEE "Si quieren lejos al coronavirus, el primer paso es alejarse del Partido Comunista Chino"   23

2. YUAN LEE segunda entrevista: "Estoy siendo amenazado de muerte. Pero, también estoy emocionado con tantos mensajes de apoyo"   37

3. ERNESTO RIZO "En España, la Guerra Civil aún no ha acabado. No sé cuántas generaciones van a pasar, hasta que aprendamos a pasar página"   55

4. CRISTINA MUNOZ: "Para que salga lo nuevo, se tiene que caer lo viejo. Detrás de todo este sufrimiento, vendrán la solidaridad, la unificación y la empatía"   65

KARIN BECKER

5. ANDRES AUZUNBUD: "En Taiwan no hay cuarentena. Tomaron otras medidas, desde el primer momento, y los infectados no llegan ni a 400" 79

6. ANDREAS KALCHER: "El día en que mueras deberás preguntarte: ¿Qué has hecho en tu vida? Yo estoy haciendo esto para dar sentido a mi vida" 85

7. LIWEI FU "La gente piensa que China viene con inversiones, con dinero. Pero todo es una trampa de deudas" 105

8. JOSEP PAMIES "Gracias a las plantas, la gente puede sanar, y gracias a los medicamentos, la gente puede morir" 113

9. DR. JORGE AMADO PERALTA "La mejor vacuna que existe contra esta enfermedad somos nosotros mismos" 143

KARIN BECKER

10. GUERRERO IBÉRICO: "La gente no sabe el precio tan grande, en privacidad y en salud, que tendrá que pagar por el 5G" 159

11. SILVANASILVERI "Vivimos en un juego. Y, si el contrincante está apretando tanto, es porque estamos despertando" 173

12. JUAN PABLO VEGA: "Los presos no son nada para el Estado. Son un número más para ellos y para sus bolsillos" 189

13. RAMON FREIRE: "Hay una élite que gobierna el planeta. Estamos en guerra, y el enemigo somos nosotros" 199

14. MARTIN PENNACCHIETTI "Falun Dafa me cambió la vida. En esta enseñanza encontré las respuestas que siempre había buscado" 231

KARIN BECKER

15. LUCIANO DÁMARIO "No existen la izquierda ni la derecha. Existen gobernantes psicópatas y émpatas" **239**

16. ALEJANDRO NADAL: "Creemos que puede llegar a los millones la cifra de practicantes de Falun Dafa que han muerto en manos del PCCh" **251**

17. Más "No somos ángeles no nos caímos del cielo..." **262**

18. LOS ARTISTAS¿Qué haríamos sin ellos? **273**

KARIN BECKER

KARIN BECKER

Editorial COLINRIVAS.COM
Pedidos: COLINRIVAS.COM
Foto de Portada: Leyla Ugarte www.elimaginario.es
Diseño y reimpresión: Laura Benítez
Ilustraciones : Daniel Alejandro Herrera kail.estilo.k@gmail.com
Imprime: AMAZON srl Europe
Depósito Legal:
Hecho e impreso en España y EEUU — Made and printed in Spain and USA
Karin (Maskebellas)
Dónde encontrar vídeos de Karin, actualmente:
archive.org/details/@maskebellas
brandnewtube.com/@maskebellas
loveotv.com/@Maskebellas
www.canalesporlaverdad.es/Maskebellas.htm
Instagram: www.instagram.com/maskebellas
Telegram: t.me/maskebellas
YouTube:www.youtube.com/channel/UCSooV6gGE_YUYpTpAxsyhGA

ISBN 9798749903997

ENTREVISTAS DESDE EL CONFINAMIENTO

INTRO

Diciembre de 2019

«**M**ucho movimiento, luces hermosas y ajetreo en Madrid. Vivo a 18 kilómetros de la capital española, y me encanta esa ciudad, pero en la época navideña, prefiero no ir. Demasiada gente, demasiado agobio. Sin embargo, aquella fría tarde, motivada por una reunión a la que me invitaron, decidí acercarme a Madrid, a pesar de todo. Un amigo, Miguel Ángel Peña, quería que conociera el mundo de las inversiones en Forex. Aunque yo no entendía nada, su entusiasmo me había contagiado, la idea me parecía buena y quería saber más. Así que, decidí ir.

Una vez adentrada en sus calles, y, aunque se me hacía tarde para la reunión, estaba fascinada con las luces navideñas y decidí hacer un directo para mi página en Facebook. Tenía en aquel momento unos 3.000 seguidores, con los que solía compartir este tipo de vídeos, caminando por la ciudad.

Estaba transmitiendo, mostrando las luces y mi feliz recorrido, cuando de repente, vi un grupo de gente junto a unos carteles, a un señor realizando movimientos como de algún "ejercicio físico tranquilo", personas acercándose a firmar peticiones, y un joven, chino, hablándole a la gente.

ENTREVISTAS DESDE EL CONFINAMIENTO

No pude contener mi curiosidad y me acerqué a él, a preguntarle, de qué se trataba todo aquello, para mí, tan extraño.

Me contestó, sin rodeos, que el gobierno chino persigue a las personas que practican una pacífica meditación llamada "Falun Gong", a tal punto de llevarlos presos y extraerles sus órganos, vivos, para venderlos en el mercado negro. En un primer momento, no entendí nada. ¿El gobierno chino? Poco o nada sabía sobre él. ¿Falun Gong? No tenía idea de qué era eso. ¿Extracción forzada de órganos? Sonaba a película de terror. En un instante, toda la magia de las luces se había terminado y pasaba a ser un insignificante detalle. Hasta me sentí mal por haber estado hablando de unas simples luces.

De inmediato accedí a firmar la petición, y después, volví a hablar con el chico. Le dije que tenía un programa de radio, y que era bienvenido cuando quisiera contarnos más sobre esta terrible situación. Él se quedó con mi número, y, durante unos meses, no volví a saber de él.

<u>31 de marzo de 2020</u>

Había comenzado toda la locura del coronavirus. Aun no había empezado la cuarentena obligatoria, pero yo decidí "quedarme en casa", no ir más a la radio y transmitir solamente desde Facebook. Llevaba unos pocos días así, cuando me llegó un mensaje por WhatsApp. *"Hola, soy Yuan, el chico chino. Nos vimos una vez en una actividad de derechos humanos para acabar con la persecución en China"*.

ENTREVISTAS DESDE EL CONFINAMIENTO

Lo recordaba perfectamente y se lo dije. Le pregunté cómo estaba. Era muy amable, me hablaba de "usted".

Le dije que al parecer, ya se estaba superando el coronavirus en China y me contestó que eso no era así, y que él, al ver al pueblo español sufriendo, había decidido empezar con un canal de YouTube. Yo, una vez más, no entendía nada. Me explicó que no se estaba superando el coronavirus en China, que esa era una mentira del gobierno chino, que estaba engañando a todo el mundo. Me pasó el enlace de su canal y le dije: *"Quisiera entrevistarte"*.

<u>1 de abril de 2020</u>

El directo tenía que empezar a las 16. Yo no sabía muy bien cómo transmitir una vídeo llamada por Facebook. Había visto algunos tutoriales, creía que podría hacerlo pero... No era así. Y ahí estaba Yuan Lee, del otro lado, formalmente vestido, serio, esperando. Y yo, enredada con cables, un pequeño altavoz, un trípode del móvil roto y sin que funcionara nada de lo que creía que había aprendido de los tutoriales. Faltaban unos dos minutos para las 16, entonces le dije: *"Mira, no funciona nada de lo que quería hacer. Se suponía que si copiaba este enlace y lo pegaba en Facebook... Nada. Lo que voy a hacer es transmitir desde mi teléfono. Apuntaré a la pantalla del portátil y así transmitiremos la video-llamada"*. Creo que él ni siquiera entendió muy bien lo que me pasaba, y solo le salía ser amable y comprensivo.

ENTREVISTAS DESDE EL CONFINAMIENTO

Esa fue la famosa entrevista a Yuan Lee. Algo impactante. Un chico joven, chino, contándonos que el virus fue creado en un laboratorio de Wuhan, y que fue extendido a todo el mundo. Que, resulta ser, que al Partido Comunista Chino (PCCh) no le importa, en absoluto, la vida de los chinos, ni la de nadie. Y que los países debían alejarse de ese régimen, si no querían caer en desgracias peores.

Yo sabía, desde hace unos años, que nos gobierna una élite, que nos intoxican de varias maneras, y que no quieren nuestra felicidad. Pero, por lo visto, me faltaban muchas piezas para terminar de armar el puzle...

Esa entrevista llego a tener 12.000.000 reproducciones, en muchísimos países. A nivel técnico fue un desastre, pero, era tal la vehemencia de Yuan Lee, era tanta información, era todo tan fuerte, tan doloroso y tan triste, que la gente no paraba de compartir ese vídeo.

Así empezó todo, así empezó mi propia búsqueda de la verdad.»

AGRADECiMiENTOS

Sería interminable mencionar a todas las personas a las que estoy agradecida. Sencillamente, creo que todas ellas ya lo saben. Familia, amigos de siempre, seguidores de la página "Maskebellas", amigos nuevos que surgieron a raíz de esta crisis mundial... De verdad, gracias a todos. Y especialmente, expreso mi gratitud hacia los entrevistados que presento en este libro. Sin saber nada de mí, y sin prejuzgarme, me dieron la oportunidad de hablar con ellos, y han ofrecido todo su saber y su corazón.

Quiero mencionar especialmente al ilustrador, Daniel Alejandro Herrera, quien ha trabajado en tiempo récord, y a Laura Benítez, por el hermoso diseño de portada. Gracias también a Noelia Zaracho, por la paciencia y por aportar tantos conocimientos. Y a esas personas tan espirituales, como Maya Marinova y Gastón, que he conocido en este particular periodo de la Historia, por su cariño y su apoyo.

Especialmente quiero dedicar este libro a mi padre, Gustavo Becker, quien, estoy segura, nos mira desde donde quiera que esté. Fue un eterno luchador por la Democracia y la Justicia, y el motor que me llevó a buscar la verdad. También quiero recordar al Dr. Joel Filártiga, víctima de la dictadura stronista. Él me abrió los ojos, hace muchos años, sobre las grandes empresas farmacéuticas y alimentarias, y sus verdaderas intenciones. Lastimosamente, él también nos dejó, hace casi un año. Por ellos, este humilde trabajo.

ENTREVISTAS DESDE EL CONFINAMIENTO

Diez meses después de la publicación en formato PDF de este libro, veo convertido en realidad mi gran sueño de tenerlo en papel. Por ello, quiero dar gracias, de todo corazón, a Colin Rivas, quien lo ha hecho posible. También quiero agradecer a los chicos de la acampada ReVelión Asturias, por su amistad, cariño y lucha, y a toda la gente maravillosa que fui conociendo en este período.

Yuan Lee (China). 1 de abril de 2020

"Si quieren lejos al coronavirus, el primer paso es alejarse del Partido Comunista Chino"

ENTREVISTAS DESDE EL CONFINAMIENTO

Buenas tardes, Yuan. Te conocí en diciembre del año pasado, en una petición de firmas para acabar con el genocidio en China. Aquel día, me explicaste que en tu país, el gobierno persigue a quienes tienen creencias diferentes, les sustraen sus órganos y los venden. Sin duda, algo terrible. Volvimos a tener contacto ayer, 31 de marzo. ¿Qué ha cambiado, desde diciembre de 2019, hasta hoy, en el mundo? ¿Qué es el coronavirus?

Muchas gracias, de nuevo, por presentarme. Ya sabemos que el coronavirus viene de China. Ahora es el momento de hacerle caso a un chino, a ver qué dice. Al coronavirus lo "encontró" un doctor chino, Li Wenliang. El año pasado, el 30 de diciembre, en el hospital donde trabajaba (y digo "trabajaba", porque él ya murió... Es una historia muy triste) encontró que había siete personas infectadas por un virus que se parecía muchísimo al SARS, de 2003. Sabemos que esa es una enfermedad contagiosa muy fuerte. Inmediatamente, el Dr. Wenliang publicó la noticia en su red social. En China, sabes que están prohibidos Facebook, Twitter y WhatsApp. Allí tenemos una red social parecida, "WeChat".

Dicha aplicación es controlada por el Partido Comunista Chino (PCCh). Entonces, fácilmente la Policía puede acceder a su contenido. Después de cuatro días, el día 3 de enero, el Dr. Wenliang fue notificado por la Policía Legal para que firmara una carta, un documento, por su delito. Su delito era "publicar noticias falsas". Es decir, noticias no confirmadas por el PCCh. La historia empieza desde aquí. Cuando Li Wenliang firmó el papel, volvió a trabajar en el hospital.

ENTREVISTAS DESDE EL CONFINAMIENTO

Tristemente, él mismo fue infectado y murió el 7 de febrero. Pero, miremos las fechas. Desde el 30 de diciembre, hasta el confinamiento de la ciudad de Wuhan, que comenzó el 23 de enero... Son más de tres semanas. Más de tres semanas en las que el gobierno chino no hizo nada. No alertó al público, nada de nada. Y el día 26 de enero el alcalde de Wuhan, que se llama Zhou Xianwang, dijo en una entrevista de que, antes de cerrar la ciudad, habían salido cinco millones de personas de esta ciudad.

China es un país gigante. ¿Dónde queda Wuhan?

Wuhan es la capital de la provincia de Hubei. Está en el centro de China, es como el corazón. Si tú quieres ir desde el norte hasta el sur, siempre pasas por el corazón.

Wuhan, China

ENTREVISTAS DESDE EL CONFINAMIENTO

Entonces, retomando la cuestión de las personas que salieron de allí, entre el 30 de diciembre y el 23 de enero... ¿Has dicho cinco millones de personas?

Sí, no solo al resto de China, sino a todo el mundo. El primer caso de Italia, justamente, fue una pareja de Wuhan. El 22 de enero, esta pareja salió de Wuhan y fueron a Italia. Fueron los dos primeros casos confirmados allí. Estas dos personas son miembros del PCCh. Y estoy dudando, no sé si llevar el virus a ese país fue su tarea política, o no.

Tú tienes un canal de YouTube, y allí subiste un vídeo donde indicas que el virus se creó en un laboratorio de Wuhan. Te pregunto esto, porque mucha gente hasta ahora pensábamos que el virus venía de un mercado de animales silvestres, o por la sopa de murciélago, o el pangolín...

Estoy seguro de que no. En el laboratorio de Wuhan, que se llama P4, cuando salió el coronavirus, el día 26 de enero fue inmediatamente controlado por el ejército del PCCh. Entró allí una mujer, general, con un alto cargo. Ella pasó a controlar el laboratorio, desde momento, hasta ahora. Nadie puede entrar. Y luego, en China hay muchos periodistas que son independientes. Hay una que se llama Li Zehua y fue a hacer una grabación, alrededor del laboratorio. Inmediatamente fue detenida.

ENTREVISTAS DESDE EL CONFINAMIENTO

Si el virus no salió del laboratorio, ¿Por qué el gobierno chino quiere utilizar toda la fuerza para que nadie pueda entrar y nadie pueda realizar grabaciones? ¿Por qué tienen tanto miedo? Y hay otra cosa más. Hay una científica que trabaja en ese laboratorio. Ella se llama Shi Zhengli y dijo, en un principio, que estaba segura de que el coronavirus no había salido de ese laboratorio. Pero, tiempo después, encontró su propia tesis, de 2014. En esta tesis, ella dice claramente cómo llevar un virus al cuerpo humano, y cómo lograr que se reproduzca dentro de la gente. Es decir, un virus artificial.

Entonces, ¿Qué quiere lograr el PCCh con este virus?

Lo que quiere lograr es controlar el mundo. Porque el virus salió de China. Este virus ha llegado a todo el mundo... Por ejemplo, Italia, España. Como faltan recursos sanitarios, desde China les están ayudando, ofreciéndoles las mascarillas, los test rápidos. Pero, la semana pasada vimos que los test enviados a España no funcionaban. Tampoco funcionan las 600.000 mascarillas enviadas a Holanda. En YouTube hay muchas grabaciones encubiertas de las fábricas en China. El ambiente es horrible. ¿Por qué? Porque bajo un sistema comunista, nada es transparente. Los trabajadores no llevan guantes. Utilizan los restos de tela de las ropas, para confeccionar las mascarillas. Pero lo más importante ya no es solo la calidad, sino la seguridad.

ENTREVISTAS DESDE EL CONFINAMIENTO

Como ahora en China dicen "Ya no hay más casos", obligan a los trabajadores chinos a trabajar. Pero, es posible que ese trabajador tenga el virus, aunque no haya mostrado los síntomas. Cuando está trabajando, puede dejar el virus en las mascarillas. Entonces, esa mascarilla que llega a Europa, es peligrosa. Esta es una teoría, una opinión, no lo puedo asegurar.

¿Por qué el gobierno chino permite que su propia gente fallezca? ¿Les da igual?

Puedo decir que durante estos 70 años que lleva en el poder el PCCh, murieron 80 millones de chinos. Les da igual la vida de su pueblo. Controlan todos los medios de comunicación. Nadie, en China, se atreve a decir la verdad.

El confinamiento en China es diferente al de España. En China se trata de controlar a la gente. He visto un vídeo en el que un chófer estaba en su coche, y la Policía le obligó a salir, pero él no quería. Le rompieron el cuello, lo mataron. En China, matar una persona es como matar una hormiga. No hay ningún medio de comunicación independiente que pueda decir la verdad.

¿El PCCh quiere hundir las economías del mundo, a través de este virus?

Hay una cosa. Estamos seguros de que el virus salió de China, pero no estamos seguros de si fue por accidente o a propósito. Puede ser que haya sido a posta, o también, que haya sido una casualidad. Pero ya ha salido, ya ha llegado a todo el mundo.

ENTREVISTAS DESDE EL CONFINAMIENTO

¿Por qué ha llegado a todo el mundo? Esto es importante. El alcalde de Wuhan, Zhou Xianwang, el 27 de enero fue a dar otra entrevista, a CCTV, la televisión más grande de China. Y él dijo que sabía que el coronavirus era una enfermedad contagiosa. Pero que sin el permiso de Beijing, él, siendo de un gobierno local, no tiene permiso de alertar al público. Esa grabación la tengo, y todo el mundo la puede encontrar en YouTube. Quiero decir, que da igual si fue por accidente o no. El virus ya salió. La cuestión es, cómo podemos impedir que llegue a todo el mundo. Pero, en ese proceso, el gobierno dejó que cinco millones de personas salieran de Wuhan y llegaran a todo el mundo, con el virus.

Vemos en YouTube y en la televisión española a personas que viven en China y que dicen "Poco a poco estamos volviendo a la normalidad". Dices tú que esto no es así, entonces...

Yo no lo creo. Mira la situación en España, mira la situación en Italia. Dicen que hay 80.000 casos en China. Pero Italia, un país tan pequeño, ya ha superado a China. España, otro país pequeño, ha superado a China. ¿Esto es lógico? No. En China sigue habiendo contagios. Pero, ¿Por qué el gobierno dice que hay cero casos? Porque quieren obligar a la gente a trabajar. Porque, si nadie trabaja, las fábricas importantes se irán de China.

China tiene un apodo: La fábrica mundial. Y ahora, si nadie trabaja y las máquinas no funcionan, esto hará un gran daño al PCCh. Este gobierno no es legal. Porque, en 70 años, nunca hemos votado. La única razón de su poder es la economía.

ENTREVISTAS DESDE EL CONFINAMIENTO

Por eso, obligan a la gente a trabajar, aunque pudieran estar infectados. Y envían material sanitario a todo el mundo. Desde aquí yo quiero recordar a todos los gobiernos del mundo que, si quieren alejarse del coronavirus, el primer paso es alejarse del PCCh. Es una dictadura que persigue a su pueblo, fácilmente, libremente. No les importan las vidas de España, ni de Italia. Lo único que le interesa es vuestro dinero. Enviando materiales de mala calidad. Y cuando se acabe lo el virus, dirán: "España, te hemos ayudado. Italia, te hemos ayudado".

Eso no es gratuito. Entonces, dirán que deben estar con ellos, y tener una buena relación comercial. Todo esto es como un pozo de crisis, para que los países que entren, no puedan salir. Igual que la nueva ruta de la seda. Italia fue el primer país europeo en firmar, y mira la situación. Incluso en España, el gobierno chino está controlando muchísimo, al igual que a Sudamérica. Incluso me preocupa que España pueda llegar a ser una provincia de China. Eso es muy peligroso.

Si la gente no se despierta a tiempo, va a ser muy tarde. En España están muriendo unas 1.000 personas, diariamente. Es muy serio. Los test rápidos que han llegado, no valen. Entonces dicen "La solución es cambiarlos". Esta no es la solución. Porque, si esa fábrica no vale, ¿Cómo puedes asegurar que la otra sí vale? Y durante este tiempo que se pierde, mucha gente sigue muriendo, porque no puede contar con un test. Es urgente enterarse de la verdad. El gobierno chino no es democrático.

ENTREVISTAS DESDE EL CONFINAMIENTO

No le importa las vidas del mundo. Solamente les importa su poder y su dinero. Quiero añadir algo sobre la Organización Mundial de la Salud (OMS). Aquí en España y Europa la tomamos como una referencia. Pero ésta es controlada por el gobierno chino. En la página web de peticiones más grande del mundo, han firmado más de 600 mil personas, pidiendo que Tedros deje su cargo. Los chinos le han puesto un apodo: El perro de Beijing. Porque él fue a visitar al presidente chino, Xi Jinping, y dijo que el gobierno chino es muy poderoso y puede tomar decisiones muy fuertes. Engaña a todo el mundo diciendo que China es un país muy abierto.

El mes pasado, el gobierno chino donó 20 millones de dólares a la OMS.

Estados Unidos suele intervenir en las políticas de otros países... ¿Cómo es posible que no hayan sabido esto, y que haya llegado el virus a ese país?

Quiero decir dos cosas. En Estados Unidos, la mayoría de los medios de comunicación ya están siendo controlados por el comunismo chino. Hay muchos reporteros chinos, muchísimas personas que hacen negocio en Estados Unidos. Ellos aprovechan la oportunidad para hablar con los políticos, con medios de comunicación, les dan dinero para poder controlar el contenido de los medios de comunicación. Otra cosa. En Estados Unidos, cualquier persona puede hacer el test para saber si está infectado, o no. por eso "sube" la cifra.

ENTREVISTAS DESDE EL CONFINAMIENTO

En China no es así. No les dejan a las personas realizarse el test rápido. Hay muy pocos por hospital, o te dejan uno por barrio. Sin los test rápidos, ¿Cómo podemos tener casos confirmados? Eso es imposible.

Respecto a la influencia del gobierno chino en otros países. Tomemos España como un ejemplo. Sabemos que la marca Huawei tiene muchísima publicidad, en muchos medios importantes. Pagan mucho dinero. Cuando tú recibes su dinero, tienes que estar de acuerdo con ellos. Huawei es una herramienta del PCCh para invadir los países democráticos. Hay gente que dice, "Pero también nos vigilan desde Twitter, WhatsApp...". Pero quiero decir una cosa. En China no existe ni una empresa independiente. Todas trabajan para el gobierno. Huawei tiene un precio más barato, pero su estrategia es invadir el mercado de la tecnología. Cuando utilizamos Huawei, tenemos espías que nos vigilan.

Te doy un ejemplo. Si escribes algo en WhatsApp "No me gusta el PSOE", o "No me gusta el PP", no pasa nada. Pero en China, si tú escribes que no te gusta el PCCh, inmediatamente te va a invitar a "tomar un té". Tomar un té significa... eso. Que a lo mejor no puedes salir de la cafetería. No es igual. Desde otras redes vigilan, pero con fines comerciales. Pero en China es para vigilar tus comportamientos e incluso, tus pensamientos. Por eso el doctor Li Wenliang fue detenido inmediatamente, cuando publicó la noticia del coronavirus, cuando alertó al público en WeChat. Inmediatamente, la Policía lo encontró.

¿Y qué pasa con Rusia, Alemania, y... te pregunto nuevamente, Estados Unidos? No puedo creer que no hagan nada para enfrentar las acciones del PCCh.

Algunos países sí. Por ejemplo, el primer ministro de Inglaterra ha dicho que dejará de trabajar con Huawei. Y Donald Trump dijo que fueron engañados por el PCCh, que las cifras son falsas. También lo dijo el primer ministro de Italia. Que las cifras enviadas por la OMS son falsas. Al dar una cifra más baja de la real, la gente piensa "Ah, esto es una gripe, no pasa nada".

Se hablaba de que en China se dieron de baja 21 millones de líneas de teléfono móvil. ¿Entonces, se supone que esa podría ser la cantidad de personas fallecidas por el coronavirus, allí?

El gobierno chino dice que son tres mil los fallecidos. Muy poco. Pero puedo decirte que en Wuhan hay un crematorio, y están trabajando 24 horas al día, sin parar, desde hace un mes. Podría ser que en un día estén muriendo de 800 a 1.000 personas. Y hay muchos crematorios. Creo que lo de las cuentas dadas de baja, no puede ser casualidad. ¿Por qué justamente en este período del coronavirus, se cancelaron tantas cuentas? Hoy en día, en China, todo el mundo tiene que tener teléfono móvil y WeChat, para hacer la compra, para hacer todo.

Pienso que, cuando todo esto vaya pasando, cada vez más, el mundo entero le dará la espalda a China, y entonces, el PCCh no habrá logrado su objetivo...

ENTREVISTAS DESDE EL CONFINAMIENTO

Eso es. Mi opinión personal es que la única esperanza, ahora mismo, es alejarse del PCCh. Romper todos los acuerdos comerciales.

Conocer la auténtica maldad y perversidad que tienen. Están engañando al pueblo chino y a todo el mundo. Hay que conocer la raíz, para poder curar la enfermedad.
La enfermedad física se puede curar, pero la mental, no. Quiero decir una cosa. No estoy diciendo que China es malo, que los chinos son malos. Son víctimas. China es un país increíble, con cinco mil años de cultura tradicional china, de la civilización china. El pueblo chino es amable, bondadoso. El PCCh tiene 70 años, es una dictadura que persigue a los chinos, y a todo el mundo. Recordemos la cifra de muertos: 80 millones.

El 1 de marzo hubo una noticia increíble, de que en la provincia de Jiangsu, se realizó la primera operación exitosa de un doble trasplante de pulmón. Quiero decir que todavía continúa la sustracción forzada de órganos a la gente. Todos estamos en confinamiento. ¿Quién puede donar sus órganos ahora? En un tiempo tan corto, a una persona que necesita de pulmones. La posibilidad de ser compatibles es de solo el 7%.

Precisamente, como indicábamos al inicio de la entrevista, te conocí en una actividad de petición de firmas para exigir que el gobierno chino cese esta práctica, que consiste en sustraer los órganos y venderlos.

ENTREVISTAS DESDE EL CONFINAMIENTO

El gobierno sigue haciendo esto. Es el peor gobierno. Es una dictadura, no es el salvador del mundo. Va a arruinar al mundo.

¿Qué podrías decirnos sobre la situación en Taiwan?

Taiwan es un país democrático. Y mira, tiene unos 300 casos, y cinco muertos. Lo ha hecho muy bien, porque se aleja del PCCh, no escucha sus mentiras. Inmediatamente, cerraron sus fronteras, a diferencia de España. Ellos conocen la perversidad del PCCh. Y por eso no tuvieron un brote de coronavirus.

A nosotros, como ciudadanos ¿Qué nos recomiendas que hagamos?

Bueno, lo primero, quiero decir que tengo un canal de YouTube, se llama "Yuan Lee", como yo. Voy a colgar noticias y la verdad sobre el coronavirus, que es ocultada por el gobierno chino:

https://www.youtube.com/channel/UCjZHQIUm_Hhopu NXVZxbcpA

Mi consejo es: La comida en casa, y conocer la verdad sobre el coronavirus. Ahora que tenemos mucho tiempo. Conocer la verdad, para que no vuelva a suceder. Hay un libro que quiero recomendar a todo el mundo, se llama "Nueve comentarios sobre el Partido Comunista Chino". Para conocer realmente cómo es este partido.

ENTREVISTAS DESDE EL CONFINAMIENTO

https://es.theepochtimes.com/nueve-comentarios-sobre-el-partido-comunista-chino-pcch_5292.html

Quiero recalcar, una vez más, que no tengamos nada en contra de los chinos. Ellos no tienen la culpa, sino su gobierno.

Los chinos somos bondadosos. Todo el mundo es bienvenido, pueden venir a visitarnos, es un gran país. Y quiero aclarar que no estoy diciendo a la gente, a nivel personal, que deje de comprar productos que vienen de China, sino a que los gobiernos de los países dejen los acuerdos comerciales con el gobierno chino. Ya que éste es un demonio a quien nunca le importó la vida de los demás. A nivel de derechos humanos, está fatal. Persiguen a los que practican una pacífica meditación que se llama Falun Gong, a los cristianos, a los tibetanos, a los musulmanes... ¿Por qué? Porque no tienen corazón. Practican torturas horribles, y como decía antes, la sustracción forzada de órganos, a las personas que tienen creencias, gente buena. Cuanto más dinero gane el gobierno chino, más recursos tendrá para perseguir a esas personas.

Quiero plantear esta pregunta. ¿Es legal hacer acuerdos con una dictadura? ¿Es moral? Porque, esta persona, que lleva dinero de tu bolsillo, va a matar a más personas. Va a ser cada vez más fuerte. Hay que pensar en eso.

Yuan Lee – Segunda entrevista. 8 de abril de 2020

"Estoy siendo amenazado de muerte. Pero, también estoy emocionado con tantos mensajes de apoyo"

ENTREVISTAS DESDE EL CONFINAMIENTO

Gracias Yuan, por acompañarnos nuevamente. ¿Cómo te encuentras?

Hola, muchas gracias a todos. La verdad, estoy en una situación un poco complicada, pero ya habíamos dicho que tendríamos una segunda parte de la entrevista y no quiero decepcionar a la gente, porque muchas personas se están preocupando por mí. Digamos que físicamente, estoy bien. Pero voy a comentar la situación personal que estoy pasando.

Pasemos a las preguntas. En cuanto al origen del virus, hay bastante polémica. Hay quienes siguen diciendo se transmite de los animales, otros, que salió de Estados Unidos y fue a China y de ahí al mundo... En fin, muchas teorías. ¿Qué podrías decirnos sobre esto?

El gobierno chino, como comenté en la primera entrevista, controla todos los medios de comunicación en China. Hace dos semanas, amigos míos empezaron a decirme "El coronavirus vino de Estados Unidos". Después, comenzaron a decirme que viene de Italia. El portavoz del Ministerio de Relaciones Exteriores de China dijo que el virus fue llevado de Estados Unidos a Wuhan. ¿Por qué? Porque en octubre del año pasado en esa ciudad se celebró una feria militar. Allí había cinco personas de ese país, con malaria y fueron trasladadas a un hospital de Wuhan que se llama Jin Yin Tan. El director de este hospital anunció que tenían malaria, no coronavirus.

ENTREVISTAS DESDE EL CONFINAMIENTO

Además, sabemos que el coronavirus es muy contagioso. Si realmente estas personas tenían coronavirus, ¿por qué tardaron casi tres meses en empezar a contagiar a las personas? Ya que los casos que se encontraron en Wuhan son de diciembre.

A día de hoy, muchos presidentes están culpando a China por haber dado información falsa. Entonces, el gobierno chino tiene miedo y echa la culpa a Italia. Ese país es un poco débil, políticamente. Entonces, el ministro de Relaciones Exteriores de Italia también se enfadó con China. El gobierno chino juega con los medios de comunicación, para liar a la gente y que la gente olvide de dónde viene el coronavirus.

Tú habías hablado de un médico chino que alertó sobre el coronavirus y al final, murió. Pero en algunos medios leí sobre una doctora, es decir, una mujer, que había alertado también...

En total fueron ocho (los que alertaron). Solo que Li Wenliang se hizo más conocido, murió muy joven y su historia es mucho más triste.

¿Qué ocurre con las mascarillas que está enviando China al mundo?

Sabemos que China las está enviando a muchos países para establecer una "buena amistad", para "ayudarles". He visto un vídeo, una grabación encubierta de una fábrica de mascarillas de una marca conocida, Shi Mei Jia. Pero esta empresa no tiene su propia fábrica. Las mascarillas se producen en casas privadas. Casas donde hay tres o cuatro máquinas, se contrata gente y se fabrican las mascarillas. Y esa empresa las vende a todo el mundo, con su propia marca.

Habíamos hablado la otra vez de que esas mascarillas podrían estar contaminadas... Pero, entiendo que no eres médico, ni científico, para saber si el virus "dura" en ese material.

Por lo menos, sabemos que las mascarillas, al tocar nuestra boca directamente, tienen que ser buenas. Estamos bajo un sistema de comunismo, donde todo se oculta. Miremos el caso de Taiwan, desde donde enviaron un grupo de gente a Alemania, para aprender cómo se fabrica una mascarilla.

Ahora ellos tienen su línea de producción, con mascarillas de calidad, y pueden producir 20 millones de mascarillas, diariamente. Y las están enviando a muchos países. Entonces, yo pienso que ese país es un ejemplo para todos. Por dos motivos: Porque se aleja del PCCh y porque estableció su propia línea de producción. Todos los países pueden aprender de Taiwan, y ésto se lo digo en especial a la gente de Latinoamérica que me preguntan qué pueden hacer. Geográficamente, Taiwan está cerca de China, pero tiene muy pocos casos. Y a pesar de que la OMS los está presionando, lo que han hecho es increíble.

Hay personas que preguntan sobre las mascarillas que pidieron, por ejemplo, por Aliexpress. Es decir, a nivel de uso particular, no podemos saber si están o no contaminadas.

ENTREVISTAS DESDE EL CONFINAMIENTO

Lo que y quiero decir es que, en un país democrático, todo es transparente. La gente puede entrar a mirar las marcas. Pero en China, tú no conoces el proceso de fabricación. No estoy diciendo que todas las mascarillas "Made in China" sean de mala calidad, pero la posibilidad de que estén contaminadas es mucho más alta. Este es mi punto de vista personal.

Hablemos de los test rápidos...

El mundo tiene mucha necesidad de ellos, ahora. Hace dos semanas España los compró de una empresa china. Y no funcionaban. La segunda vez que los compraron, tampoco funcionaron.

¿Cómo puedes asegurar que otras cosas que les compres serán buenas? No puedes.

La gente pregunta mucho si eres chino...

Todo el mundo también me lo pregunta. Yo tengo la sangre china. Estamos en un momento muy especial, luego comentaré mi situación. Es que, me están buscando, de la Embajada China en España. Entonces, si yo digo de qué parte de China soy, podrían localizarme. Me llegaron amenazas de muerte. Como he dicho, tengo sangre china, aprecio muchísimo la cultura china, aprecio ese país porque tiene muchísima cultura, una civilización de 5.000 años. Incluso mi cara, mis ojos... Sí, puedo decir que soy chino. Ser chino, para mí, es: Hablar chino, escribir en chino, conocer la cultura china y tener los valores tradicionales en su cuerpo, mente y comportamiento.

Por ejemplo, ser valiente, decir la verdad, ser compasivo, no tener miedo a la maldad, (luchar por) conseguir la libertad. Creo que la esencia es como la cultura en Europa. Valores positivos, que todo el mundo puede aceptar.

Hablando de eso, ¿Que dice en ese cuadro que está detrás de ti, que se ve en tus vídeos de YouTube?

Son cuatro palabras en chino: *"Shang Shan Ruo Shui"*. Significa "La mayor bondad, la mayor benevolencia, es como el agua". No digo que yo me encuentre ya en este estado, pero es mi objetivo. ¿Por qué? Sabemos que el agua nos da vida, a todo el mundo. Porque no podemos vivir sin agua, al igual que las plantas... El agua no busca la fama, el interés personal. Lo hace de una forma callada. Mi objetivo es, en un futuro, ser una persona así. Por eso yo pongo esa frase allí, para siempre, para recordar cuál es mi misión, mi dirección. Es para animarme a mí mismo, y espero poder transmitir valores útiles a todo el mundo.

ENTREVISTAS DESDE EL CONFINAMIENTO

¡Muy bonito! Y, siguiendo con las preguntas. En cuanto a los chinos que viven en España, tengo entendido que pueden salir libremente de su país, para instalar sus negocios aquí en España.

¿Por qué cerraron sus tiendas mucho antes que los comercios de españoles? ¿Fue una orden del gobierno desde China?

Lo que yo sé es que muchos de ellos son del sur de China, y tienen contacto directo con sus familias de allí.

Entonces, para ellos es más fácil enterarse de la situación real en China. Creo que a los chinos que están fuera de China, ven que los ciudadanos, por ejemplo, los españoles, están relajados, sin embargo ellos están preocupados. Porque saben que la situación va a ser grave en España, como ya lo ha sido en China. En uno de mis vídeos he hecho un cálculo del número de contagiados y fallecidos en China, y los chinos saben que estoy diciendo la verdad. ¿Puede, un país tan grande, tener solo 3.200 muertos? Esto es una broma. Los chinos en todo el mundo saben que es mentira. Por eso, han tomado medidas con antelación. Si hubo o no una orden desde la Embajada china para cerrar, no lo sé porque no tengo testimonios sobre eso, y debo hablar con responsabilidad.

Sí puedo decir que la Embajada china los presiona en el sentido de que no pueden decir la verdad ni en WeChat ni en tu círculo personal. Los chinos no se atreven a expresar su opinión, ni dentro, ni fuera de China. Por ejemplo, la semana pasada, un alumno chino muy joven,

ENTREVISTAS DESDE EL CONFINAMIENTO

Zhang Wenbin, hizo una grabación en la que dijo que se enteró de la realidad de la gran matanza de la Plaza de Tiananmén, de hace 30 años.

Dijo "Por favor, acaben con la dictadura china". Ahora, este joven se encuentra desaparecido. Quiero decir que, hay muchas personas que saben cuál es la situación en China, pero por la presión que tienen, no se atreven a decirlo.

Todo el mundo pregunta por la vacuna y la cura. Sé que no eres científico, pero quieren que te lo pregunte.

Si realmente el gobierno chino tuviera la vacuna, no se la dejaría gratuitamente a todo el mundo. Porque al PCCh solo le importa una cosa: su poder. Nunca le importa la vida de su pueblo. Cuando los alumnos se reunieron en la Plaza Tiananmén, fue una amenaza para su poder, entonces los mataron. Al día siguiente, en todos los medios de comunicación dijeron: "No murió ni una persona". ¡"Ni una persona"! Por lo tanto, si China tuviera la vacuna, ésta se la aplicarían a los funcionarios de altos cargos, dentro del PCCh. No para el pueblo. A lo mejor, en algún momento en el que puedan ganar mucho dinero, puede ser. Pero yo creo que aún no ha salido la vacuna.

¿Qué ocurre con los teléfonos Huawei, y las aplicaciones Zoom y Tik Tok? Nos pregunta la gente.

ENTREVISTAS DESDE EL CONFINAMIENTO

El director de Seguridad de Estados Unidos dijo el 12 de noviembre del año pasado, en "La voz de América", que el gobierno chino tiene la capacidad de poner una puerta trasera en cualquier producto de Huawei. ¿Qué es la puerta trasera? Que a través de ella, se puede ver las conversaciones e información personal de las personas.

Si tú eres un estudiante, a lo mejor no pasa nada. Pero cuando entras a la sociedad, trabajas para el gobierno, en algo que puede afectar la seguridad del país... Y Huawei, con sus precios bajos, controla todo el país.

Entonces, podemos decir que ese país, políticamente es una provincia del PCCh. Igual que WeChat, Zoom, Tok Tok. Hay que tener cuidado. No estoy diciendo que la gente no compre Huawei. Eso es una decisión personal. Estoy ofreciendo ese consejo a lo gobiernos, para la seguridad de su propio país.

Otra cosa que quería decir. En China, un país comunista, no hay empresas independientes. Aunque el director de Huawei diga que no colaboran con el PCCh, ésto es mentira, es totalmente falso. En un sistema así, no hay empresas que estén fuera del control del PCCh. Todo tiene que servir para la política, para el gobierno, para su poder. Sin este acuerdo, tú no tienes espacio para desarrollarte.

El año pasado envié un correo electrónico a una persona. En ese correo escribí una palabra sensible para el gobierno chino. Ese correo no llegó. Volví a enviarlo, y tampoco llegó. Le pedí a la otra persona que me enviara uno, y cuando lo recibí, ponía "Enviado desde Huawei".

ENTREVISTAS DESDE EL CONFINAMIENTO

Estamos en un país democrático, pero Huawei no nos permite tener la liberta de expresarnos, porque son palabras sensibles para el gobierno chino: "Derechos humanos"; "Libertad de conciencia"; "Sustracción forzada de órganos a la gente viva... "

El gobierno chino persigue a estudiantes, a tibetanos, musulmanes, personas de creencias (en general), parece que no tiene nada que ver con nosotros. En España, Argentina... parece que está muy lejos (China).

Pero ahora, no. Ya está en nuestra puerta. Lo importante ahora es ser conscientes de esta estrategia. Hay países que están proponiendo una reclamación a ese gobierno. Incluso algunos chinos que estamos fuera de nuestro país, pienso que también podemos pedir una compensación, porque nos ha engañado y dañado.

¿Qué le dirías a los países de Sudamérica?

Mi consejo es que hablen con Taiwan. Mejor alejarse del PCCh. También, que reformen las fábricas y establezcan líneas de producción propias (test, mascarillas), para prepararse ante el virus. Para no recibir material chino de mala calidad ni adquirir una deuda política.

Tu primer vídeo en YouTube habla de que no se permite celebrar la Navidad en China. Hubo gente que dijo que eso no es así.

ENTREVISTAS DESDE EL CONFINAMIENTO

Ese vídeo de cuando yo quería empezar con YouTube, era una prueba. En realidad, no he estado muy "serio" con eso. La Navidad es legal en todo el mundo, y en China también, en algunas ciudades. Pero, la Navidad no se puede celebrar en *ciertas* ciudades, por ejemplo, de la provincia de Hube.

Durante la dinastía Tang, hace miles de años, convivían muchas culturas y creencias, en un ambiente de armonía. No digo que esté prohibida en toda China. Incluso yo la celebré una vez. Es una cuestión de ocio, de intercambio de cultura.

Retomando el tema de los acuerdos con el gobierno chino. Hay que recalcar, de nuevo, que no se trata de que los ciudadanos dejemos de comprar en bazares chinos, sino de acuerdos de gobierno a gobierno.

Eso es, son cosas distintas. Cualquier español tiene su amigo chino, eso es normal. Yo tengo amigos españoles, no pasa nada. Para conocer la cultura china, tienes que probar su comida. No puedes ir a China solo para comer una taza de arroz. Entrar a un restaurante chino, probar su comida, está muy bien. Hacer negocios con un chino, magnífico. Yo no me refiero a dejar de la amistad o dejar de hacer negocios con un chino. Sino que me refiero a nivel de gobiernos. Si negocian con el gobierno chino, tienen que saber que lo están haciendo con una dictadura que persigue a su propio pueblo, al pueblo de todo el mundo.

¿Puedes darnos ejemplos de esos acuerdos?

ENTREVISTAS DESDE EL CONFINAMIENTO

Por ejemplo, dejar Huawei, no participar en el 5G, por la seguridad de todo el país. No aceptar los productos sanitarios. No firmar la ruta nueva de la seda. Porque, por ejemplo, Italia lo firmó, y mira la situación en la que están. Se trata de mantener la distancia con algo que te puede dañar.

Quiero decirte que la gente está muy desesperada. A raíz de la primera entrevista contigo, me envían muchos mensajes con preguntas para ti. Creen en ti, incluso te llaman"el héroe de la democracia". Además, te trasladan su afecto, incluso lo vi en tu canal de YouTube. ¿Qué consejo o mensaje nos darías?

Creo que sería, estar en casa, ser una buena persona. Difundir las noticias correctas, para que lleguen a los políticos. Aunque no soy médico, ni científico, estoy abriendo los ojos a muchas personas que no saben nada del coronavirus. En Italia y España está muriendo tanta gente, sin saber por qué.
Las personas critican a sus gobiernos. La culpa lo tienen esos gobiernos, sí, pero la raíz está en el PCCh y la OMS.

Es momento de dar vuelta al pasado. Volver a la tradición, de volver a la verdad. De volver a un camino auténtico, divino. No solo de ganar dinero, y más dinero. Mucha gente trabaja, sin saber cuál es el sentido de su vida. Ahora que estamos en casa, pensemos un poco, cuál es el sentido de nuestra vida. Y otra cosa: la oración. Pedir ayuda a lo Divino, para que nos cuide. Cuando ocurre un gran desastre, la fuerza de la Humanidad es muy débil.

ENTREVISTAS DESDE EL CONFINAMIENTO

Es mi opinión. La cultura china es una cultura divina. El Budismo, el Taoísmo, el Confucionismo, hablan de lo Divino. Estamos en una situación terrible, parece que no hay esperanza. Pidamos, en nuestro corazón. La ayuda del cielo. Creo que ésto nos va a ayudar.

Yo, personalmente, quiero pedirte disculpas. Soy la primera en no haber profundizado nunca en tu cultura china. He leído un poco, pero nada más. Pienso que todo el mundo debería mirar un poco más a tu país. Ustedes no son la fábrica del mundo, son seres humanos, y maravillosos, por lo que veo en ti. Tú habías hablado en el vídeo de Marcel García de Kong Zi, Lao Zi y Meng Zi. ¿Podrías hablarnos un poco de cada uno de ellos?

Voy a hacerlo de forma sencilla. Voy a explicar filosofía de cada uno. Comenzamos por Kong Zi (Confucio). Su teoría, de forma sencilla, en cinco palabras: "Benevolencia, justicia, cortesía, inteligencia y honestidad".

Lao Zi pertenece al Taoísmo. Tiene su concepto que es "Armonía entre el cielo y el hombre". Y en su obra "Tao Te Ching" dice: "El hombre sigue la Tierra. La Tierra sigue el Cielo. El Cielo sigue el Tao. Y el Tao sigue lo Natural". Aquí se ve que estamos hablando de la paz, de la armonía interior. Esto es la cultura china.

Hablemos del otro sabio, Meng Zi, quien también pertenece al Confucionismo. Su idea es que la característica de los seres humanos, originalmente, es la bondad. Entonces, tenemos que utilizar este amor a todos, incluso a nuestros enemigos. Estamos en un momento peligroso, crucial. Ya no es momento de luchar contra unos, contra otros. Dejemos los conflictos del pasado, saquemos el amor que hay en nuestro corazón, y ayudémonos, para poder pasar este momento difícil.

Ahora, quiero hablar de Mao Tse Tung, el dictador del PCCh. Él dijo: "Luchar con la gente, placer sin límite. Luchar con la Tierra, placer sin límite. Luchar con el Cielo, placer sin límite". Entonces, se ve que esto no es la cultura china, el luchar unos con otros. Por eso, les he dicho a los demás chinos que yo amo China, porque amo su cultura, que es maravillosa.

En un futuro, cuando tengamos más tiempo, hablaré de esa cultura, porque es un tesoro que no solo pertenece a China, sino a todo el mundo. Esa gran sabiduría nos tranquiliza, nos puede ayudar a pasar este gran desastre.

Nos queda poco tiempo, por eso quisiera aprovechar para comentar mi situación. No sé si han visto mi último vídeo, en el cual había dicho que estoy en una situación, digamos, nerviosa, porque la comunidad china, la Embajada china, me están buscando en WeChat, en Facebook... Incluso me llegaron amenazas de muerte, porque dicen que yo estoy difundiendo noticias falsas, para engañar al mundo, para que el mundo odie a China. No es así. Yo estoy analizando, a través las cifras falsas de los infectados y los fallecidos, qué hay detrás.

ENTREVISTAS DESDE EL CONFINAMIENTO

Creo que, después de esta pandemia, el orden mundial va a cambiar. Es un momento importante para que todos sepamos qué es la maldad, qué es la bondad, qué es China, qué es el PCCh. Mucha gente me está buscando, últimamente he sufrido muchísimo, pero no lo puedo comentar por aquí.

Pero, al mismo tiempo, he visto que muchas personas han dejado comentarios para apoyarme. Estoy muy emocionado, y desde aquí, quiero decirles a todos, muchísimas gracias por su apoyo. Su apoyo es mi energía para continuar. Yo sé que muy pronto se va a acabar con el PCCh... ¡Lo sé! Y creo que todos los chinos están esperando que llegue el día en el que se acabe esta dictadura.

Y que China tenga un futuro brillante, la luz, que vuelva a ser el centro de la Tierra. "China", en español, significa "El centro de la tierra". Desde aquí, nuevamente le digo a todo el mundo, muchísimas gracias por su apoyo y les pido a todos que compartan mi información, para llegar a muchas más personas, a aquellas que todavía piensan, que tienen la ilusión romántica, con el PCCh. Porque el fuego ya está en nuestra puerta. Hay que despertarse. Es el momento.

También hay muchos periodistas que se han puesto en contacto conmigo, pero ahora estoy en una situación muy complicada, no puedo hacer entrevistas con todos. Desde aquí les doy permiso para que cualquiera pueda descargar mis vídeos, reenviarlos y utilizarlos.

ENTREVISTAS DESDE EL CONFINAMIENTO

No hace falta conseguir mi permiso. Ahora yo voy a hacer más vídeos, un poco más profundos, hablando de la censura del PCCh en los mundos democráticos. Como yo lo hago todo solo, estoy haciendo todo esto por mi cuenta, con mis propios estudios, nadie me ayuda...

Y como nuestra energía y tiempo tienen un límite, desde aquí quiero recomendarles un medio de comunicación confiable, porque es totalmente independiente. Se llama "La gran época", y pueden encontrarlo en Facebook, YouTube... Muchos de los estudios que hago vienen de allí.

https://www.facebook.com/LaGranEpoca/

https://www.youtube.com/channel/UC7dKB70qLXi2J bU21NWKu9A

https://tierrapura.org/

Estamos en un momento difícil, casi de "fin del mundo", pero, en un extremo, como he dicho antes... La esperanza está del otro lado, y es el momento de volver a las tradiciones, las creencias y la verdad. Estoy muy emocionado, y voy a luchar. Voy a continuar.

Muchas gracias, Yuan. Eres un valiente. Eres, como te decía, un héroe de la democracia. Y creo que, si algún gobierno, no solo el chino, se pone en contra de ti, seguramente sea porque generas en la gente ese amor, ese cariño y ese respeto que ellos no generan. A lo mejor, si cambiaran su corazón, como decías, que hasta al enemigo hay que darle amor...

Quizás, si hicieran eso, se ganarían el afecto de las personas.

Yo todavía tengo confianza que llegará la democracia. La tengo. Gracias a todos.

ENTREVISTAS DESDE EL CONFINAMIENTO

Ernesto Rizo (España). 9 de abril de 2020
"En España, la Guerra Civil aún no ha acabado. No sé cuántas generaciones van a pasar, hasta que aprendamos a pasar página"

Ernesto Rizo (España). 9 de abril de 2020

"En España, la Guerra Civil aún no ha acabado. No sé cuántas generaciones van a pasar, hasta que aprendamos a pasar página"

ENTREVISTAS DESDE EL CONFINAMIENTO

Eres músico, pero ante todo, eres un ser humano. Un ciudadano español. He leído que decías en Facebook, que basta de peleas políticas, que primero vamos a solucionar, entre todos, esta situación. ¿Qué te gustaría decirnos al respecto?

Lo primero que tengo que decir es que invito a todos esos pseudo-políticos, o pseudo-médicos, o pseudo-epidemiólogos, que dejen de enseñarnos tanto en las redes sociales, porque probablemente no tengan ni p... idea de nada de lo que están hablando.

Les invitaría a que dejen de colgar mensajes que no ayudan en nada a lo que estamos haciendo. Extendiendo bulos, algunos a sabiendas, otros sin saberlo; otros sin cotejar las informaciones. Solo porque a su lado político le viene bien. Me gustaría que se pudiera multar a todo aquel que haga públicos los bulos. Porque están haciendo mucho daño, y estoy cansado de abrir Facebook, esperando ver algo simpático, algo que nos saque un poco de esto que estamos viviendo... Pero, entro y no veo más que m... política, las personas lanzándose m... los unos a los otros. En lugar de estar todos juntos a una. Es lo que yo pienso.

¿Errores en este gobierno? Seguramente ha cometido muchos. ¿Errores, si hubiera estado otro gobierno? Pues seguramente hubiera cometido otros. O los mismos. Pero creo que no es el momento, ahora mismo, de buscar responsabilidades, cuando ni siquiera hemos salido de esto.

ENTREVISTAS DESDE EL CONFINAMIENTO

Tendremos que pedir responsabilidades, y pasar factura, pero no solamente al gobierno. A la oposición, también. Porque no están a una. Si yo no hago mi trabajo, me echan a la calle. Si un político no hace su trabajo, que es llegar a acuerdos, a la calle. Si no son capaces de llegar a acuerdos serios ahora, ¿Cómo van a llegar luego?

Hemos hablado con personas que apuntan de dónde puede venir este virus. Pero incluso, estas personas, al final nos dicen que en este momento lo importante es gestionar la urgencia que hay.

Eso es. Habrá que buscar responsabilidades, habrá que limar lo que sea. Ahora hay que estar a una. Es como cuando se te cae la casa y vienen los vecinos, los primos, a levantar la casa. Y luego ya buscaremos saber por qué ocurrió esto. Es que, ¿sabes lo que pasa en este país? Es que la Guerra Civil no se ha acabado. Seguimos con ella. Y no sé cuántas generaciones van a pasar, para que aprendamos a pasar página. A vivir los unos con los otros. En este país, y supongo que también en otros, son de su partido, de lado político, como de su equipo de fútbol. Cuando tu equipo de fútbol está jugando, y hay un penalti, tu equipo nunca hace penaltis. Siempre lo hace el equipo contrario. En lugar de estar a lo que tenemos que estar, estamos con tontadas de gente que "no hace la O con un canuto".

Mucha gente que no sabe ni escribir, que tiene un léxico pobrísimo, y sin embargo, están dando lecciones políticas.

Para mí, esto es bastante insoportable, entonces, me cabreo y me pongo como me puse el otro día, donde dije en Facebook que me dejen en paz y que me borren. Que me escriba solo gente que me anime, que me ayude, que colabore. Gente que sume, que no reste.

La canción de ustedes, "Tóxicos", es una manifestación del hartazgo de nosotros hacia los políticos. Realmente, no es el momento de hacer negocios con la salud, y esto es algo que ocurre a nivel mundial.

Efectivamente, esa canción ahora mismo, está más de moda que cuando la hicimos. "Tóxicos", porque la clase política intoxica todo. Todo.

https://www.youtube.com/watch?v=qV37RCG0lm8

Pero, que nadie me malinterprete, no estoy de ningún lado político. Soy bastante agnóstico en esas cosas. Me cojo un poquito de cada lado, y mucho de ninguno. Tengo mis propias ideas políticas, y de todo. No comulgo con ninguno, pero comulgo con todos. Yo sí tengo la libertad de poderlos criticar a todos. Hay gente que dice "Yo soy de izquierdas", y para ellos, la izquierda lo hace todo 100% bien. Y gente que dice "Yo soy de derechas", y para ellos, la derecha lo hace todo 120% bien. No comenten errores. No tenemos auto crítica. Y estoy cansado de esto, en un momento como este.

ENTREVISTAS DESDE EL CONFINAMIENTO

Porque esto pasará a la Historia. Lo aprenderán nuestros nietos en los libros de Historia, como "La época del coronavirus", en la que a los seres humanos nos encerraron en casa. Y veremos, a ver qué pone la Historia, de cómo lo hemos gestionado. La Historia dirá que las personas de a pie cumplieron, confinadas en su casa. Cumplieron, en la mayoría de los casos, como se les fue ordenando. Pero que la clase política no ha estado a la altura de los ciudadanos.

Como decías antes, si hubiera estado otro gobierno, quizás hubiera cometido también errores. Pero, ya que estamos "en el baile", hay que unirse. Como en una guerra, en contra del enemigo (en este caso, el coronavirus).

Me hacen mucha gracia los que juegan a ser pitonisos. Si no fuera porque llevamos casi 15 mil muertos, oficiales, y digo "oficiales" porque, según parece, no está bien contabilizado... Llevamos 15 mil y pico de personas fallecidas, y entre ellas, una persona muy importante para mí, que es mi suegro. Que era como un padre para mí. Y con esto ya me pierdo, me pongo mal...

Hoy he estado viendo cómo en el Congreso de los Diputados se echaban m... los unos a los otros. Decían cosa coherentes unos y otros, pero en definitiva, no se ponen de acuerdo. Y es su trabajo. El del supermercado, su trabajo es que no falten tomates, y el de ellos es llegar a acuerdos que beneficien a los ciudadanos. Y no lo hacen, ni los de la izquierda ni los de la derecha. Yo no me posiciono de ningún lado, políticamente.

ENTREVISTAS DESDE EL CONFINAMIENTO

Me posiciono del lado de los farmacéuticos, los enfermeros, los policías, los transportistas, los trabajadores de supermercados. Que están con pocos medios, o ninguno, trabajando para sacarnos de esta. Ellos sí están trabajando para sacarnos de esta. Han muerto no sé cuántos, porque trabajan sin protección.

Este es el momento de ponerse los guantes - y no tirarlos a la calle -, de no sacar al perro diez veces, es el momento de ir una vez cada dos días al supermercado - para no poner en peligro a las cajeras -. Es el momento de eso. De colaborar, cada uno, con lo que somos y con lo que tenemos. Déjennos de m... de políticas. El 90% restante, no necesitamos de politiqueros.

He hablado con profesionales de varios sectores, y al final, las conversaciones terminan en lo mismo: La parte humana de cada persona. Más allá de lo profesional. Pero, es verdad que tú tienes tu lado artístico a través del cual te manifiestas. ¿Piensas que la Humanidad habrá cambiado, después de esto? ¿Aprenderemos algo?

Sinceramente, no. Creo que no. Siento no tener tanta fe. Pero el ser humano tiene la memoria muy corta para ciertas cosas, y muuuy larga para otras. Para lo que nos interesa. Yo creo que no vamos a aprender nada. Y mira que el 80-90% de la gente está dando un ejemplo "de la hostia". Pero, ¿tú has visto esas películas de miedo, en las que le dicen a la chica: "No salgas, no salgas, que el monstruo te va a comer", y va la tía, y sale? Pues esos somos nosotros.

ENTREVISTAS DESDE EL CONFINAMIENTO

Se cree que eso es ficción, pero en la realidad también ocurre. En la vida real te dicen, "No salgas", y vas, y sales. Unos intentan ir a la playa, otros a los que los pillan en la montaña, otros, tomando el sol. Otros salen con dos machetes6. No sé si aprenderemos.

Y conste que soy muy optimista. Creo que habrá cosas que van a cambiar, o deberían cambiar. Pero soy muy pesimista, en cuanto a que la raza que nos dirige sigue dándose de hostias, cuando no necesitamos que se den de hostias. Si yo fuera presidente del gobierno, me pondría en contacto con todos los demás grupos políticos para, entre todos, buscar la salida más adecuada. No haría lo que me diera la gana, (esto) no es una dictadura. A lo mejor, el más radical de los radicales te da una idea muy buena para hacerlo mejor. ¿Por qué no? ¿Qué pasa, que porque uno sea de la izquierda de las izquierda no va a tener ideas buenas? Claro, ¿Por qué no? Puede decir 1.000 cosas, de las cuales, 999 son una gilip..., pero 1, no. ¡Pues escúchalas todas! Pero no lo hacen. Aquí prevalece el signo político, antes que el ser humano. Se ha demostrado. Y de ahí, mi indignación.

(Lectura de mensajes en el directo) Nos escribe una enfermera, quien dice que hay muchos intereses económicos, y que (a los políticos) no les importa lo que está pasando el personal sanitario. Nos cuenta que la situación para los enfermeros es mucho más terrible de lo que se ve.

ENTREVISTAS DESDE EL CONFINAMIENTO

Mira, yo tengo amigas enfermeras. No tenemos ni idea de lo que en realidad es. Vemos ahí las imágenes, hospitales colapsados, pero... Ni idea. Son héroes no, lo siguiente. Y, en muchos casos, con muy pocos medios. Porque como en España no se ha hecho acopio de materiales de protección, estamos jodidos. Es que no somos capaces de encontrar una mascarilla... O sea, estamos jodidos. No podemos dejar a la gente tan vendida.

O el caso de los respiradores, que quedan retenidos en aeropuertos, te los paraliza un país, como es el caso de Turquía, que se los quiere quedar. Eso es insostenible. Por fin han llegado. Pero, ¡joder! Cuánta gente habrá muerto... En el caso de mi suegro, a él le quitaron el respirador, porque como era muy mayor, no iba a sobrevivir. ¡Le quitaron el respirador! Ese respirador le hacía falta a mi suegro, para vivir. Y no lo tuvo.

Unos hablan de recortes (presupuestarios), otros, de no sé qué... Pero recortes (en sanidad) hacen todos, lo hicieron el año pasado. Los unos y los otros. Luego, cuando hacen subidas, lo venden como si fuera "la leche". Y repito, no es el momento para hablar de esto. Es el momento de ponerse el mono, y trabajar.

Entre los comentarios del público, añaden que les obligan a reutilizar los EPIs tres veces, y que las mascarillas FFP2 les tienen que durar una semana...

ENTREVISTAS DESDE EL CONFINAMIENTO

Las FFP2 no duran una semana. Y los EPIs, a no ser que los descontaminen (se pregunta)... Es terrible. Es para que un día cojas a alguien que trabaje en un hospital y te cuente qué es realmente lo que están viviendo, porque debe de ser de película de miedo.

(Lectura de mensajes en el directo). Un seguidor uruguayo nos comenta que en su país están haciendo bien las cosas. Que se están ayudando entre todos. Por otro lado, desde Italia preguntan cómo va la cosa en España, y una seguidora le está contestando que a partir de la semana que viene se puede retornar a trabajar en sitios no esenciales. Y una enfermera española está pidiendo que el Ejército salga a la calle...

Hay mucha gente que nos puede dar lecciones. Hay pueblos pequeños de España que nos están dando lecciones sobre cómo ayudarnos. Sí, a partir de la semana que viene yo, por ejemplo, vuelvo al trabajo, que no es un trabajo esencial. Habrá que ir volviendo pero de manera sesuda, con cabeza.

Respecto a la enfermera que pide ayuda al Ejército, hay gente para la que la sola presencia del Ejército español, les causa malestar hasta tal punto, que son capaces de parar la construcción de un hospital, que le hace falta a su gente, solo porque lo está haciendo el Ejército. Eso es triste. La política lo enturbia todo... Si es que, la gente es maravillosa. Y no nos hace falta tantos políticos. Con la mitad, o menos, estamos sobrados.

ENTREVISTAS DESDE EL CONFINAMIENTO

Tóxicos
T3RMINUS

Ya estoy cansado de veros
de abanderados del bien
Líderes de la decencia
¡Y sólo os interesan dinero y poder!
Ya estoy cansado de oleros
apestáis a engaño y traición
jugáis con nuestro dinero
¡Mientras la gente muere a vuestro alrededor!
Tus cárceles... A trabajos forzados
Tus sueldos... Menos que un soldado
Ya estoy cansado de oíros
vendiendo vuestra lealtad
comprando apoyos y votos
¡Representante indigno de un pueblo leal
Tus bienes... Siempre controlados
Vuestras vidas... Siempre en nuestras manos.
Ni nuevos, ni antiguos
Alejaos de nosotros ¡Seres tóxicos!
Ni jóvenes, ni viejos
Criaderos de odio ¡Engendros tóxicos!
De nada vale quejarse
sin ponerle solución
De nada sirve esconderse
¡Y que otros, como siempre, escriban el guion!
Tus sueldos... Menos que un soldado
Vuestras vidas... Siempre en nuestras manos.

Cristina Muñoz (España) 10 de abril de 2020

"Para que salga lo nuevo, se tiene que caer lo viejo. Detrás de todo este sufrimiento, vendrán la solidaridad, la unificación y la empatía"

ENTREVISTAS DESDE EL CONFINAMIENTO

Buenas tardes, Cris. Gracias por estar con nosotros. ¿Cuál es tu reflexión sobre todo lo que está ocurriendo?

La verdad es que de esta situación se sacan muchas reflexiones. Desde mi perspectiva, tengo una visión más universal, más cósmica, de lo que está pasando. Por supuesto, empatizo con los seres humanos que están sufriendo. Y hay un montón de desafíos. Pero, mirándolo desde un poquito mas arriba, si esto está pasando en el Universo y en el Cosmos, es por algo. Según sabemos a nivel más consciente, ha acabado un ciclo de 26.000 años y está empezando otro, que dará origen a una nueva Humanidad. Estamos en un gran despertar de conciencia, y ese despertar implicado que se va a crear un nuevo paradigma. El nuevo paradigma tiene que ver con que se caigan los antiguos paradigmas. En ese caer de las cosas, caen otras. Ya no es solo el virus. Es todo lo que va a pasar con la economía, con la educación, sociedad, con las relaciones entre los seres humanos. Esto, a nivel social, pero también a nivel micro. Van a salir los miedos, las inseguridades, se van a romper las parejas que han estado conviviendo mucho tiempo, se van a romper relaciones de trabajo que tampoco estaban sostenidas bajo el talento y bajo la autoestima.

Para que salga lo nuevo, se tiene que caer lo viejo. Esto es como cuando haces una alimentación "detox" y limpias las toxinas. Lo pasas mal. Pasas lo que se llama "crisis depurativa". Te salen granitos, te duele la cabeza...

ENTREVISTAS DESDE EL CONFINAMIENTO

Para que entre este nuevo orden, en el que los seres humanos vamos a estar conectados, unificados, vamos a vivir en un mundo donde no va a haber guerras, donde todos estemos conectados con nuestra esencia... Para que pase eso, sabemos que a veces, los seres humanos no evolucionan con la consciencia, sino con el sufrimiento.

Lo que entiendo yo es que, detrás de todo este sufrimiento, luego vendrá solidaridad, unificación, los seres humanos se ayudarán, empatizaremos con el sufrimiento de los demás. Eso nos hace más humanos, más solidarios... Esa es la perspectiva desde la que yo lo veo. Muchas veces, la sociedad, el ser humano, aprender a través de pruebas, de exámenes. Esto es como cuando en una pareja, ambos se están echando en cara todo el rato las cosas, se critican... O una mujer que puede ser maltratada, o un hombre que pueda ser maltratado. Detrás de ese maltrato, luego hay mucho aprendizaje. Porque dices: "He entendido que tenía que tener más autoestima, que tengo que poner límites...". Detrás de eso, luego hay un empoderamiento. Así es como yo lo veo.

Intento ver las cosas desde fuera y sobre todo, enfocándome en lo que está en mi mano. Y eso tiene mucho que ver con la alimentación. Lo que pasa allí fuera, yo no puedo controlarlo. Pero sí me puedo enfocar en las cosas que yo puedo controlar. Y es: Elevar mi conciencia, elevar mi nivel de salud, elevar mi positividad, ayudar a la gente cercana, o lejana, a través de lo que yo pueda. Hay pequeños empresarios que están lavando la ropa, gratis; otros que están dando de comer, gratis.

Otros, como yo, que estamos dando información gratuita sobre como alimentarte, o que estamos donando dinero... lo que sea. Es enfocarse en lo que podemos cambiar y en lo que podemos actuar. No enfocarnos en lo que no podemos. Porque, si nos ponemos a ver la tele, a conectar solamente con el sufrimiento humano, claro, es como si me pongo a ver vídeos que están encerrados en granjas y a los que se les está matando. Yo ya sé que eso pasa, pero intento, a través de no comer animales (contribuir), pero no me pongo a ver esos vídeos. Porque eso no sirve de nada.

Hoy he salido a la calle y me he dado cuenta de que la gente está muy crispada...

Está muy crispada y si te metes en esa energía, viendo las noticias o los casos... Y si me pongo a pensar todo el tiempo si esto lo creó una farmacéutica, o el gobierno norteamericano, o el chino... Evidentemente, me meto en esa energía que me agobia. A mí, sinceramente, me da igual si esto lo crearon las farmacéuticas para luego vendernos esto; o si lo han creado los gobiernos para generar un gobierno autoritario y tener acceso a toda la información. Eso, quizás en el futuro se sepa, pero ¿Me aporta a mí algo? Yo tengo mis teorías, pero entiendo que, por mucho que esto sea un virus que se haya creado a posta, para provocar una crisis, y para que los más ricos sean más ricos... Entiendo que todo eso forma parte de un plan mayor, que es el plan cósmico, que es el plan universal que está bajo el plan evolutivo.

ENTREVISTAS DESDE EL CONFINAMIENTO

En esta película, que es la matrix donde estamos todos y donde tenemos que vivir experiencias para poder evolucionar, la dualidad es que vemos a los "malos", como malos, y a los "buenos", como buenos. Pero es que, para que se evolucione, tiene que haber "malos".

Realmente, si tú lo ves como una película, esos "malos" que han creado el virus, también están haciendo que la Humanidad evolucione. Porque sabemos que también se evoluciona a través del superar pruebas. Y ahora la gente está mucho más consciente. Por ejemplo, quienes dicen "¡Anda! Si me alimento mal, voy a tener el sistema inmunológico más débil. Me voy a alimentar mejor". O por ejemplo, "Si yo no tengo un trabajo, voy a tener que buscar cómo emprender". Y es ahí cuando tu cerebro empieza a pensar. Cuando estamos cómodos, en nuestra zona de confort, no hay evolución.

Entonces los "malos" - por llamarlos, de alguna manera, en este mundo dual - no son malos. Vienen con una visión, por así decirlo.

Es una visión interesante, en la que nos dices que no importa siquiera de dónde viene esto, sino que debemos ver que es "para algo"...

En el mundo dual vemos las cosas como buenas o malas. Desde mi perspectiva, no hay que categorizar las cosas como buenas o malas. Lo que está pasando, es lo que está pasando. Y a nosotros se nos está "examinando". El nivel de conciencia se eleva, no por las cosas que pasen, sino por qué hago yo con las cosas que están pasando.

ENTREVISTAS DESDE EL CONFINAMIENTO

Ahora, cada persona está reflejando una serie de pensamientos. Mirando desde arriba, entiendo que esta es una especie de película, y repito, lo importante no es si hay cosas buenas o malas sino qué haces tú. Yo creo que, al final, a este mundo venimos, ojalá a pasarlo bien, pero no creo que el objetivo sea ese, sino que creo que venimos a evolucionar.

Y, en ese plan evolutivo, a veces toca pasarlo bien y otras, pasarlo mal. ¿Por qué? Porque si, pasándolo bien no evolucionamos, de alguna manera, quizás, se manden pruebas para que evolucionemos. Y, por otro lado, para que todo esto se pueda cambiar al paradigma en el que haya un único estado mundial, con una economía basada en recursos, en el que las personas no tengan que trabajar por obligación, en el que todo el mundo esté conectado con su esencia y con su pasión.

La gente se tiene que dar cuenta de eso, y para que se dé cuenta de eso, tiene que salir la corrupción, los intereses de uno, de otro, los gobiernos que se pelean... Y eso también hace que la gente se dé cuenta. Y para mí, lo principal que tenemos que darnos cuenta es decir: *"Aquí solamente va a funcionar la cosa, cuando todos vayamos unidos de la mano hacia un objetivo común, y todos seamos parte del todo".* Que la cosa no sea "cómo me puedo beneficiar yo", sino "cómo nos podemos beneficiar a nivel colectivo". Y desde ahí, establecer una economía, un modelo educativo, un modelo relacional, etc. Por eso, yo no creo que la culpa de un gobierno o de otro. Sino que, todos estamos co-creando lo que está pasando.

ENTREVISTAS DESDE EL CONFINAMIENTO

Preocupémonos de qué podemos hacer nosotros, ante esta situación. Porque si yo me voy a la culpa, estoy proyectando una energía de baja frecuencia y no estoy contribuyendo a que vaya bien la cosa.

Desde aquí, estamos entrevistando a varias personas, y es interesante cada perspectiva que nos dan.

A mí me parece muy interesante que se muestre lo que está pasando, pero lo puedes mostrar diciendo "Mira, los gobiernos están haciendo esto, y las farmacéuticas, esto". Y lo puedes proyectar a nivel informativo, neutralmente. Y otra cosa es, desde el culpar, desde el insulto.

Yo pienso que, haya salido de donde haya salido, este virus proviene de esa "maldad". Sea que haya sido creado en un laboratorio, o de una sopa donde metes a un murciélago, o sea que haya surgido de forma natural, en cuyo caso, hubo un gobierno que ocultó su existencia durante un buen tiempo, y se expandió.... Mires por donde mires, el origen es esa "maldad".

Cada uno va a generar sus propios procesos. Estamos en un momento en el que la gente, para despertar, tiene que activar unos procesos de análisis y de síntesis, y eso se hace con conocimiento. Es como una película: "Os pongo todo esto. A ver lo que haces tú con ello". Unos se creerán a la tele, otros se creerán a otro, otros, investigarán... El objetivo por el que estamos aquí es llegar a la verdad, entender cómo funciona todo. De dónde venimos, a dónde vamos, por qué estamos aquí.

ENTREVISTAS DESDE EL CONFINAMIENTO

De alguna manera, cada persona está siendo examinada consigo misma. Incluso, si el virus no haya sido creado por nadie, y hubiese sido creado por una mutación, (sería) porque el planeta está tan contaminado, que los microorganismos regeneradores (o "buenos") están mutando a patógenos.

Por eso hay cada vez más gente enferma con cándidas, con parásitos, con disfuncionalidades. Porque el microbioma nuestro es el resultado del microbioma de la Tierra, los microorganismos. Entonces, eso también es una enseñanza de que no podemos seguir generando químicos y tóxicos que envenenen a la Tierra y que luego nos envenenen a nosotros. Porque los microorganismos también mutan. Hay muchas enseñanzas y creo que todo esto, desde una visión positiva, tenemos que transmitir que después de todo el movimiento, viene la calma. Después de un parto viene la luz, después de una crisis vienen nuevas oportunidades.

Y, sí, se va a quedar mucha gente sin trabajo, mucha gente enferma. Pero todo eso nos tiene que servir para decir que igual, estos trabajos son de una vieja economía. Vamos a crear una nueva. La gente está diciendo "Vamos a hacer huertos ecológicos", "Vamos a dedicarnos a cosas que tienen que ver con lo digital". Tú tienes que cambiar, porque el mundo no volverá a ser estable. Tenemos que saber movernos en la inestabilidad y en la incertidumbre. El mundo no volverá a ser el mismo.

Podemos llegar a sentir miedo, al pensar que el mundo que conocimos hasta marzo, no volverá a ser el mismo. Y otra causa de miedo es la crispación de muchas personas en cuanto a las mascarillas y los guantes, cuando hemos visto que éstos también se contaminan y pueden "contagiar" el virus, si no se utilizan correctamente.

Cuando no hay miedo, no se genera el cortisol. Todo lo que activa los mecanismos de supervivencia del cuerpo, paraliza nuestro sistema inmune. De hecho, lo que más baja al sistema inmune, es el miedo. Pero, por otro lado, también hay que actuar con lógica. No puedes decir "No me va a pasar nada", y tomarte un veneno. Yo por mi parte, no tengo miedo, porque sé gestionar mis emociones y porque me alimento a base de plantas, tomo muchos antioxidantes y vitaminas. Pero, no por no tener miedo me voy a exponer.

¿Cómo podemos alimentarnos mejor?

Uno de las cosas que podemos hacer para empoderarnos a nivel de salud es, poner nuestra energía creativa al servicio de cosas que creen una nueva realidad, para no generar ansiedad. Por ejemplo, la alimentación que eleve nuestro sistema inmune. Lo primero es eliminar todo aquello que lo debilita. Me llamaba la atención que una de las cosas que más se agotan en los supermercados no son las lechugas ni la fruta, sino las harinas, los bollos, el vino y la cerveza. Todo eso baja el sistema inmune. Al igual que el tabaco, las carnes, todo lo que tiene procedencia animal, los quesos...

Porque activan mecanismos de inflamación. Y si estoy inflamado, mi sistema de defensas está alerta a eso, en vez de estar a tope para cuando venga un virus. Además, estos alimentos debilitan la flora intestinal, y en el estómago tenemos alrededor de un 60% del sistema inmune. Este sistema se encuentra en diferentes zonas, como decíamos, en el estómago, en las vías respiratorias, las mucosas de los pulmones, etc. Y, por otro lado, activarlo con alimentos como los que tienen vitamina C - cítricos, kiwis, hojas verdes, pimiento, tomate, hinojo, coles - . Incluso se les está inyectando grandes cantidades de vitamina C a personas que tienen coronavirus, con muy buenos resultados.

La vitamina A, entre otras cosas, regenera las mucosas que tenemos en las vías respiratorias. Y cuando el virus entra, si tengo unas mucosas en buen estado, según entra, sale. Si las tengo en mal estado, el virus se queda pegado. Alimentos que contiene vitamina A son, los de color naranja: zanahorias, calabazas, boniatos, pimientos amarillos...

Y todo esto, si puede ser crudo, mejor. Porque los alimentos, al cocinarse, pierden nutrientes. Lo mejor es tomar ensaladas, zumos y batidos. En un batido puedes meter kiwis, hojas verdes, semillas - que tienen Omega 3 - como el lino y la chía. El Omega 3 es muy bueno para el sistema inmunológico. También la vitamina E, contenida en los aceites vegetales de primera presión en frío, y los frutos secos. Las semillas y frutos secos también tienen zinc, al igual que el cacao (chocolate negro puro). El zinc también es otro activador del sistema inmune.

Las setas, hongos y champiñones suben la inmunoglobulina, y otros súper-alimentos son los fermentados: miso, el chucrut, kimchi, kombucha, kéfir. Son alimentos buenos para las bacterias intestinales, que es donde también se encuentra el sistema inmune.

Todo esto que he mencionado, intentemos comprar en fruterías ecológicas. Porque, si no son ecológicas, estoy tomando los contaminantes, que activan mi sistema inmune, y se crea esa inflamación.

Si tengo todo el rato esa activación, lo que estoy haciendo es sobrecargar órganos y de esa manera, mi sistema inmune no estará al 100 por 100 cuando pasen cosas.

Una alimentación basada en plantas sin tóxicos mantiene a mi hígado y a mi páncreas, al sistema nervioso y endocrino en buen estado. Si todo está en buen estado y yo sufro alguna agresión, no pasa nada.

Pero si estoy comiendo comida intoxicada como carnes, lácteos - lo que mencionábamos más arriba – tengo todo el rato a mi hígado sobre saturado, al páncreas segregando insulina, a los riñones depurando, a mi sistema inflamado, a la microbiota intestinal inflamada. Estoy desgastando todo mi sistema y cuando tengo que hace frente a un virus, un cáncer, o lo que sea, no tengo un organismo preparado para ello. Por eso hay que cuidarlo.

Todo este tipo de alimentos ecológicos, ¿cómo podemos conseguirlos sin gastar mucho dinero? Porque estamos viviendo una crisis económica global.

Es verdad que la comida ecológica cuesta un poquito más cara. Hablábamos de frutas, verduras, semillas incluso añado, cereales integrales y legumbres Pero, en una cesta de la compra, la diferencia de precio es algo mínimo. Lo que suele ser mucho más caro es lo que compro como algo preparado, como patés vegetales, hamburguesas vegetales. Pero las puedes hacer tú. Yo sé que hay personas que no tienen dinero ni para eso, y hay otras que se quejan y se van a comer al Burger King, toman alcohol o Coca Cola.

El poquito dinero que tengas, lo mejor es invertir en comida. Si el kilo de calabacín o zanahoria, de normal te cuesta un euro y medio, si es ecológico, a lo mejor te cuesta dos euros y medio. Pero estamos hablando de dos euros y medio el kilo... ¡la carne te cuesta 15 euros el kilo! Sigue siendo un coste bajo, a nivel de kilos. El tofu, que es una proteína vegetal, te cuesta 6 euros el kilo.

ENTREVISTAS DESDE EL CONFINAMIENTO

Una legumbre ecológica a lo mejor te cuesta 3 euros el kilo, y te da para
alimentarte varios días.

Como se suele decir, nos saldría más caro el no comer bien...

Nos saldría más caro, sí, entre otras cosas, porque cuando te pongas enfermo vas a tener que gastar dinero en medicamentos, en médicos... Lo más responsable que podemos hacer hoy en día es ser un enfermo menos para este sistema. Porque los sistemas de sanidad están colapsados. Por ti, por el sistema... un enfermo menos, es aquel que se cuida.

Y luego, que hay alternativas. Con frutas, verduras, semillas. Por ejemplo acabo de hacer un pan a base de semillas de china y lino, no de harina. Se puede hacer pan, base de pizzas, hamburguesas, pasteles sin azúcar, utilizar harina de almendra o garbanzos. En vez de azúcar, podemos usar stevia o la panela... Se puede hacer un montón de cosas ricas, en versión saludable.

ENTREVISTAS DESDE EL CONFINAMIENTO

Andrés Auzunbud (Argentina). 14 de abril de 2020

"En Taiwan no hay cuarentena. Tomaron otras medidas, desde el primer momento, y los infectados no llegan ni a 400".

ENTREVISTAS DESDE EL CONFINAMIENTO

Buenas tardes a todos, y buenas noche ya para ti, Andrés. Muchas gracias por estar con nosotros.

Hola Karin y hola a todos, sí, aquí en Taiwan son ya las 22.20 de la noche.

Cuéntanos un poco cómo es que fuiste a vivir a Taiwan.

Vine aquí a estudiar chino. Taiwan es una isla que queda a casi 200 kilómetros de China Continental. Es un país democrático, a diferencia de la mencionada China, cuyo gobierno comunista está desde hace más de 70 años. Como te comentaba antes de la entrevista, Paraguay es uno de los pocos países que tiene relacionas diplomáticas con Taiwan. A nivel internacional, Taiwan sufre muchísima presión por parte del régimen chino, y por eso, desde 2017 no puede participar de las reuniones de la Organización Mundial de la Salud (OMS).

Al no estar en el tema, uno siempre veía a la OMS como algo prestigioso. Pero está saliendo a la luz, a través de esta pandemia que estamos viviendo, que, en realidad, no es tan transparente como uno pensaba originalmente. Apenas ocurrió el brote (de coronavirus) en Wuhan (China), el 31 de diciembre, Taiwan inmediatamente avisó a la OMS que había una neumonía con riesgo de contagio de persona a persona. En estos días, precisamente, el director de la OMS negó tal cosa. Sin embargo, tanto la presidenta de Taiwan como el ministro de Salud mostraron el email donde les avisan puntualmente a la OMS sobre este riesgo.

Pero bueno, al ser una institución que ha sido infiltrada políticamente por el gobierno chino, lamentablemente hoy tenemos una pandemia tan terrible, que incluso en nuestros propios países (como Argentina) está toda la gente encerrada, inundada por noticias de contagios y muertes. Y la gente no sabe bien cómo fue la situación.

Entonces, gradualmente está saliendo información, está surgiendo la verdad de cómo fue este desastre, que armaron a través del mal manejo entre la dictadura comunista china y el director general de la OMS, Tedros Adhanom. Éste minimizó, desde el principio, el brote. Y pedía que no cancelaran los viajes con China, pidió que no lo llamaran virus chino, y al final todo eso explotó en el mundo. En especial en Italia, España, gente muriéndose. Es una cosa realmente terrible.

Como vives en Taiwan, está claro que puedes hablar de primera mano sobre cómo ese país está gestionando el problema del coronavirus. Partimos, entonces, de la base de que es un país que no "escucha", al Partido Comunista Chino (PCCh) y "no hace caso" a la OMS. Por otro lado, desde que somos pequeños, vemos en los medios y en los libros del colegio, que se menciona a la OMS, la ONU, etc., y pensamos que son verdades. Conforme pasa el tiempo, comenzamos a ver que no es tan así, ya sea gracias a películas o a medios alternativos. Pero el grueso de la población ve la televisión o lee los periódicos, y sigue creyendo que la OMS nos va a ayudar, a salvar. Sin embargo, por lo que vemos, el director de esta organización no es, precisamente, un "hermano de la caridad".

ENTREVISTAS DESDE EL CONFINAMIENTO

En varios de mis vídeos hablo, justamente, de este tema. Por un lado, el caso de Taiwan, y de los errores de la OMS. Y luego hice foco en la situación de director general, en la corrupción y en la vinculación que tiene con el régimen chino.

https://www.youtube.com/watch?v=5feBhatkCiQ&t=1s

https://www.youtube.com/watch?v=gpy-h4zWQdY&t=3s

https://www.youtube.com/watch?v=-WCsDcHSYuw

Estas instituciones internacionales, muchas veces siguen una agenda que no está en beneficio de todo el mundo. Por cuestiones políticas, grupos de interés... Y luego pagamos las consecuencias. También ellos van moldeando la cultura mundial.

Si bien, desde antes teníamos noticias respecto a las políticas de Tedros sobre otros países, como ahora tenemos lo de la pandemia que golpea a Europa y a América Latina, parece que ahora comenzamos a ser más conscientes. Es como que tuvo que llegar esta desgracia mundial, para que nos diéramos cuenta. Y no todos, porque muchos siguen mirando la televisión e incluso, a veces, se desprestigia a los medios alternativos.

La evidencia es abrumadora. Incluso, cuando preparé mi primer vídeo, en el que hablo de que Taiwan avisa a la OMS, cuando lo vi en internet, yo también tuve mis dudas. Yo no soy periodista, vine acá a estudiar chino.

Pero me puse a investigar y cuando salió el propio vicepresidente de Taiwan a comunicarlo, diciendo que si la OMS hubiera prestado atención, y hubiese comunicado al resto de países, la pandemia se hubiera podido minimizar muchísimo más. Para los vídeos que hice, traté de tener toda la información y fuentes posibles, y las capturas de pantalla de los principales medios de comunicación, reportes, etc.

En Taiwan no hay cuarentena. Y a pesar de todos los viajes que había con China, los contagiados no llegan a 400. pero es porque empezó el control desde el primer momento. Desde enero, ibas a un restaurante y te tomaban la temperatura, se controlaban las fronteras, etc. Tienen un comando especial para epidemias. Quería decir que, en Latinoamérica, nosotros sufrimos las consecuencias, de diversas maneras. Es muy importante empezar a prestar atención sobre todas las acciones que realiza en PCCh.

ENTREVISTAS DESDE EL CONFINAMIENTO

En el caso de mi país, hay una base de comunicaciones en La Patagonia, y he leído que tiene vínculos con el ejército chino. Si bien, ellos dicen que es para fines pacíficos. Pero hay expertos que advierten que esto no es así, que el fin es militar.

<u>Andreas Kalcker (Alemania). 15 de abril de 2020.</u>

"El día en que mueras deberás preguntarte: ¿Qué has hecho en tu vida? Yo estoy haciendo esto para dar sentido a mi vida"

ENTREVISTAS DESDE EL CONFINAMIENTO

Buenas tardes, don Andreas. Realmente, es un honor poder entrevistarle. Porque, cuando vemos que a una persona se le persigue y se le censura tanto, decimos, ¿Por qué será? Algo hay. Y es todavía más interesante. Antes de empezar el programa le había preguntado si es usted médico, y nos dio usted una respuesta curiosa.

Buenas tardes, gracias por invitarme. Soy biofísico, no soy médico, y de hecho, no quiero serlo. Me dedico a la investigación, y mi investigación luego sirve a los médicos, para hacer tratamientos.

¿En qué país estudió usted?

Estuve estudiando en España, en la OUAS. Tuve la titulación de Biofísica en Medicina Alternativa. Había voces en contra y acoso de los medios de comunicación. Les pedí que me defendieran y alegaron que no tenían dinero para abogados. Entonces, les devolví el título.

Vivió usted unos años en España. ¿En qué momento se fue a Suiza, que es donde reside actualmente?

He estado los últimos cuatro años en Suiza, trabajando en el Centro de Investigación Científica, Innovación y Desarrollo. He podido realizar tres patentes farmacéuticas, referentes a una substancia, que es el dióxido de cloro. Es una substancia que aporta oxígeno a la sangre. Mucha gente lo confunde. Algunos conocen el MMS, que es controvertida.

El MMS es el "tatarabuelo" del dióxido de cloro. Es como, cuando de una planta, se extrae el API, que es el ingrediente activo. Hemos podido observar errores de substancia en las críticas. Ellos hablan de la lejía (lavandina). En este caso, la fórmula química es NaClO. Yo estoy hablando de clorito de sodio, no de hipoclorito de sodio, cuya fórmula es NaClO2. Para aquellos que no lo entienden, lo voy a decir de manera simple:

H2O = agua

H2O2 = agua oxigenada (que se usa para aclarar el cabello)

No tienen nada que ver. Marilyn Monroe era rubia por usar agua oxigenada, no por el agua. Entonces, si la gente confunde NaClO con NaClO2, es un error de forma, inicial. La lejía (lavandina) es otra substancia.

Dióxido de Cloro

Y quiero decir que a nadie se le ocurra tomarla, porque eso sí que es tóxico.

NaClO = hipoclorito de sodio (lejía) = tóxico
NaClO2 = clorito de sodio

En segundo lugar, el clorito de sodio se mezcla con un ácido para obtener dióxido de cloro, que es un gas. Este gas se disuelve en agua y ésta se queda de color amarillo.

Sin embargo, si abro la tapa y lo dejo hasta mañana, vuelve a ser solo agua. Porque es un gas que se evapora.

ENTREVISTAS DESDE EL CONFINAMIENTO

En un caso familiar, hemos podido hacer un seguimiento durante cuatro años del tratamiento con una dosis constante de cuatro gotas activadas de MMS una vez al día, y el paciente ha podido bajar su dosis de Sintrom® (marca comercial española). Esto no significa que el MMS diluya la sangre. Lo que hace es incrementar la carga eléctrica de las membranas de los glóbulos rojos (hematíes), haciendo que se repelan entre ellos, evitando trombos: impidiendo el efecto conocido bajo el nombre de „pilas de monedas", que podemos observar cuando miramos la sangre en un microscopio de campo oscuro, como se aprecia en las fotos.

He podido observar en el microscopio que, transcurrida media hora o tres cuartos de hora desde la toma de MMS, se incrementa la carga eléctrica de los hematíes, es decir, de los glóbulos rojos de la sangre, evitando trombos y mejorando considerablemente el aspecto general de la sangre.

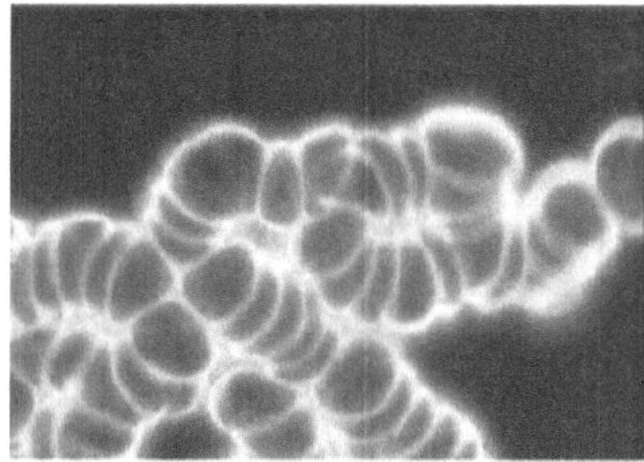 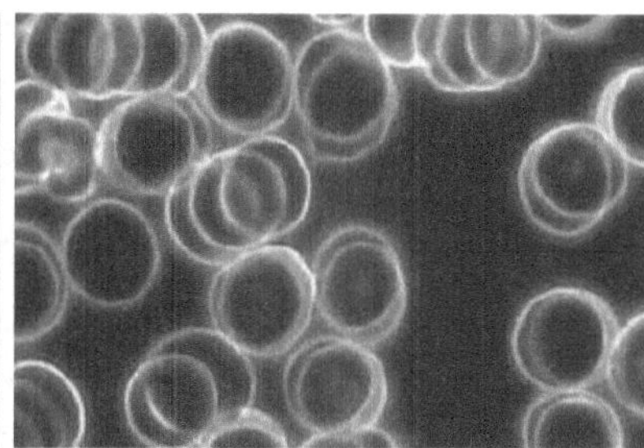

Ahora bien, ¿Para qué se utiliza este gas? Se utiliza habitualmente en todas las aguas potables. Es decir, si usted compra una botella de agua potable, esta agua ya tiene dióxido de cloro. Precisamente porque no es nocivo. También en las bolsas de sangre, desde 1994 la empresa Alcide tiene una patente para desinfectar la sangre de las transfusiones. Si no destruye la sangre de las transfusiones, ¿Cómo puede provocar este mal que llaman metahemoglobinemia?17 La metahemoglobinemia es cuando la sangre no puede tener el oxígeno, lo pierde. Entonces, la sangre ya no sirve en el cuerpo, porque tiene que transportarlo.

ENTREVISTAS DESDE EL CONFINAMIENTO

Yo he sido criticado por muchos sitios, porque la FDA18 está diciendo que el uso de esta substancia causa metahemoglobinemia. Aquí tengo los microscopios. He puesto la sangre debajo de los microscopios. En vez de utilizar el MMS "viejo", utilizo sólo el ingrediente activo, que es esto (señala el dióxido de cloro). Y lo que ocurre es justo lo contrario. La sangre, en vez de perder oxígeno, gana oxígeno.

El tema es que esta substancia está salvando vidas, utilizada para el coronavirus, con éxito. De hecho, hemos iniciado unos ensayos clínicos multicéntricos que están ya en marcha, donde hay varios hospitales, incluso hospitales militares, que están aplicándolo. Al aplicar estos ensayos multicéntricos, cada centro tiene sus resultados que, al final, se juntan, para que no haya ninguna confusión. Para que nadie pueda decir "Eso ha sido manipulado". Cada centro lo hace individualmente. Estos resultados conjuntos se publicarán el mes que viene. El mes que viene vamos a ver, de manera exacta, si realmente la gente que está criticando ha tenido razón, o no (sonríe). Ahora, si me están viendo sonreír, por algo será, digo yo. No puedo publicar datos de pacientes, porque no estoy autorizado, sin embargo, puedo decir que tenemos dos médicos recuperados en solo dos días, una niña también, y personal sanitario. Entonces, tengo autorización para decirlo.

El personal sanitario es el grave problema de España, tenemos un 37% de bajas.

ENTREVISTAS DESDE EL CONFINAMIENTO

La gente que está en primera fila está completamente desprotegida. La mascarilla, tal como la tenemos, sirve tanto como nada. Cuando tenemos claro el tamaño de este virus... El tamaño de este virus es 3 nanómetros. Esto es tan pequeño, que el tejido de la mascarilla es como el portal de un portaaviones. Ahí entra el virus, como si nada. Un poquito quizás te hace el tener la mascarilla, pero no mucho.

De hecho, en Guayaquil (Ecuador), la situación está muy grave. Tenía médicos en mi seminario, sigo en contacto con ellos. Desgraciadamente, uno de ellos falleció. Debía tener el dióxido de cloro, pero no pudo a tiempo. Pregunté al forense del sitio cuánta gente había muerto, ya que habían dicho que eran 3.000, solo en esa ciudad. El forense me dijo que eso no era cierto. Que, en realidad, eran más de 7.000, y que los tenían en contenedores, amontonados, porque la morgue no daba abasto. Es una situación crítica, y están desesperados. No es como en otros países, donde está más flojo. Es importante iniciar esto lo antes posible. Los médicos que lo utilizaron a modo preventivo no enfermaron gravemente. Dos de ellos se enfermaron, y a los dos días estaban recuperados. No se ha muerto ningún médico que haya tomado esa substancia.

Es muy curioso ver gente que está en contra de una solución. Me preguntó por qué están en contra de la solución.

ENTREVISTAS DESDE EL CONFINAMIENTO

En el fondo, cuando atacan al mensajero y no al mensaje, ¿Por qué será? Cuando están eliminando tus vídeos en YouTube, ¿Por qué será? Si están eliminando tus libros en Amazon, ¿Por qué será? Porque en Amazon para saber hacer una bomba en tu patio. Si hay un vídeo de un bombero, que hace poco salió y dijo que lo estaba tomando y le fue muy bien, y que dos compañeros que tuvieron Covid19 y se recuperaron (gracias al dióxido de cloro). Y este vídeo también se borra. Al igual que todas mis entrevistas. Es muy probable que haya algo más que está detrás.

Me gustaría añadir algo. Yo no estoy promoviendo esta substancia para que alguien se lo beba de cualquier manera. Yo soy un científico y quiero que los médicos puedan hacer las cosas. Ahora, si una persona está en peligro, evidentemente, cada uno es responsable de sí mismo.

¿En qué momento, y cómo, dio usted con esta fórmula?

Cuando tenía un poco más de 40 años, enfermé de artritis reumatoide. No podía no levantar una sartén con mis manos. Entonces, estaba muy mal. Fui de médico en médico y ninguno me podía dar una solución. A través de un amigo llegué a conocer esta substancia, que me mandaron desde América. Yo soy desconfiado en este aspecto y no lo tenía muy claro, así que lo probé con una perrita vieja, que no se movía.

ENTREVISTAS DESDE EL CONFINAMIENTO

De noche le di una jeringuita con las gotitas - rebajado, simplemente - y al día siguiente, cuando abrí la puerta del jardín, empezó a correr y ladrar como nunca antes. Había cambiado plenamente. Al ver esto, dije, "Voy a probarlo yo también". Hoy puedo tocar otra vez el piano, la guitarra... (mueve los dedos de las manos). No tengo ningún problema en mis dedos, en la mano, ni tengo ningún resto de artritis.

Usted ha dado conferencias en diversos países. ¿Es verdad que fue detenido por la Guardia Civil, en España? Yo tengo que hacerle esta pregunta, porque vi una noticia en internet que hablaba de esto.

Me parece muy bien que me haga esa pregunta. Lo interesante es que utilizan estos hechos, para luego tergiversarlos. Entonces, yo daba una conferencia en Ibiza, delante de 20 personas, en inglés. En esta sala, que era pequeña, de repente entran 12 policías, y me detienen porque suponían que estaba haciendo algo malo. Me llevaron a la comisaría, tomaron mi nombre y después pude irme a casa. Esto salió en la prensa, y la prensa lo sacó a lo grande, como si hubiera sido un criminal. Cosa que no es así, porque me absolvieron de todos los cargos. Yo nunca he perdido ni un solo juicio en relación al dióxido de cloro. Nunca.

Esta fórmula ¿está prohibida en los hospitales?

No, tampoco eso es cierto. En los hospitales se utiliza muchísimo. En cualquier ambulancia de Madrid utilizan una sustancia que se llama *"Tristel jet"*, que es, básicamente, el antiguo MMS. Tal cual.

Entiendo... Pero, para que los gobiernos, los ministerios de sanidad, puedan dar el OK para aplicarlo en personas enfermas, ¿Tendría que haber una nueva ley, una nueva normativa?

Ese es un proceso tediosísimo. Por eso los medicamentos cuestan tanto. Se podrían hacer muchos más, pero la legislación está bloqueando a todo tipo de investigador independiente. Solo permiten que haya investigadores de grandes compañías, que pueden invertir 80 millones, o más, para sacar un medicamento adelante. Lo más caro es el personal. Si tienes un grupo de 10 personas trabajando para ti, y cada uno cobra al año 100.000 euros, y si necesitas 10 años para poder llevarlo al mercado, entre toneladas de papeles que tienes que mostrar... Por darte un ejemplo, finalmente, después de seis años, he logrado que se hagan ensayos clínicos.

Pero, los ensayos clínicos en los humanos no se hacen porque sí. Primero tengo que hacer la base teórica, que tiene que ser muy bien documentada. Después, tengo que hacer el ensayo en laboratorio, después, en animales. A los animales les dan unas cantidades extremas, por ejemplo, 10 veces más que lo que le darían a un ser humano. Se las hemos dado a los ratones, y ninguno se ha muerto. De hecho, no existe ni un solo muerto en la historia del dióxido de cloro.

Están diciendo "Esto puede causar la muerte". Si puede causar la muerte, ¿Dónde están los muertos? Que me enseñen uno.

Entonces, esta afirmación también es falsa. El dióxido de cloro, repito, no hay causado ninguna muerte. Incluso, la Dra. Teresa Forcades, quien es además monja, claramente en sus conferencias ha buscado los casos del precursor del dióxido de cloro, que es el clorito sódico. Hubo personas que ingirieron cantidades grandes, han estado mal, evidentemente, porque es un *precursor* y tiene un PH13. Y, luego se han recuperado. Tampoco se han muerto. Estos son unos hechos que son, constantemente, tergiversados.

Lo otro que sucede es que la gente, al tener medias verdades - y esa es la mentira perfecta - mira por encima (con desconfianza), y esto no es como se debe hacer.

En ese laboratorio donde ustedes están trabajando, ¿cómo consiguen la financiación? ¿Cómo hacen para ir "en contra" de las farmacéuticas, de los papeleos y la burocracia?

De momento, el laboratorio está financiado por dos asociaciones, una de Liechtenstein y otra es de Suiza. Tienen una cantidad bastante amplia de miembros. En la de Liechtenstein son básicamente todos médicos, y la de Suiza es más mixta, donde la gente puede participar.

(Lectura de mensajes en el directo) Aquí alguien comenta que hubo 11 personas a las que se les dio la substancia y murieron. Pero usted nos ha dicho que no, que no se ha dado ningún caso.

ENTREVISTAS DESDE EL CONFINAMIENTO

Esas 11 personas deben aparecer en una publicación que se llama PubMed. Que es donde se indica todo lo que está médicamente aprobado. Por internet, todo el mundo puede decir lo que le da la gana. No hay 11 muertos en PubMed. Cualquier persona que se intoxica con una sustancia desconocida, el médico está obligado a hacer un informe. Este informa va a PubMed. Que me enseñen los 11 muertos.

Aquí viene "la" pregunta: Qué cantidades se debe tomar...

Yo no recomiendo una cantidad. Yo estoy avisando a la gente, si lo quieren hacer de manera voluntaria, lo hagan de manera correcta. No digo que se haga en casa, en absoluto. Yo quiero que esta sustancia esté en las estanterías de las farmacias, como fórmula magistral. Y que los médicos la puedan prescribir. Mi rol no es que la gente lo haga fuera de la ley. Sin embargo, tengo un problema. ¿Cual es el problema? Si la gente me pregunta si esto le ayuda para tal o cual enfermedad, le tengo que decir que sí, que le ayudaría. Si digo que no, soy un criminal, porque no le estoy ayudando. Si le digo sí, te ayudo, y se lo doy, también lo soy, porque estoy haciendo algo ilegal.

Hay gente desesperada en muchos países. En su página web vemos información, ¿Está dirigida a los médicos?

ENTREVISTAS DESDE EL CONFINAMIENTO

Básicamente, mi página web se dedica a dar información sobre esta sustancia, de manera correcta. Porque me he dado cuenta que circula información que no es correcta. Ahí tengo muchos vídeos, sigo los casos de personas que se recuperaron, para tener la información. Ese es mi trabajo.

La gente que pregunta cuántas gotas tomar, pueden leerlo en mi libro, o verlo en mi página web, que es gratis. O pueden entrar en el foro, haciéndose miembro de la Asociación Suiza.

https://andreaskalcker.com/
https://www.saludprohibida.com/

Cada uno es libre de hacer consigo mismo lo que quiere. Yo no estoy diciendo que se tomen una cosa. Si una persona no tiene ninguna esperanza, puedo entender que lo hagan como yo lo hice por mi artritis, para mí. Me funcionó, le funcionó a mi familia, amigos y a miles de personas les está funcionando. Y no se murió nadie.

Entonces, reiteramos, que el señor Kalcker no le está diciendo a la gente que se lo prepare en su cocina.

Pero hay mucha gente que tiene conocimientos. Conozco químicos, bioquímicos, terapeutas, gente que tiene idea de cómo funciona la química. Muchos me preguntan. Y les digo que miren la web.

ENTREVISTAS DESDE EL CONFINAMIENTO

Si una persona está ingresada en un hospital...

No puede hacer nada. Una vez que una persona entra en el hospital, no puede hacer nada porque cualquier cosa que entre en un hospital, tiene que tener una aprobación.

Hay gente que le critica porque vende su libro. Pero creo que hay que respetar y valorar el trabajo de la gente.

Digámoslo así. Para hacer un libro de 450 páginas, llena de datos - no de un relato - se tarda un tiempo. Han sido muchos años de mi vida y tiene una propiedad intelectual. ¿Por qué no lo doy gratis? Y yo pregunto, ¿Por qué no me regalas tu coche?

Además, usted no está fabricando algo para venderlo, sino que está dando la fórmula. Pasemos a su relación con el Colegio de Médicos. ¿Los médicos le dicen, en secreto, su opinión?

Hay de todo. Tenemos un Colegio de Médicos, el COMA, a los cuales yo les estoy haciendo un pleito por calumnias e injurias. Yo estoy haciendo una investigación, y ellos están diciendo que yo soy un pseudo científico, a pesar de que tengo las patentes y la documentación, y estoy realizando ensayos clínicos. Que digan lo que quieran. El juez será el que decida, y les puede costar bastante dinero ir contra mí.

ENTREVISTAS DESDE EL CONFINAMIENTO

No es el único caso. Había un fiscal que estaba investigando porque, supuestamente, había miles de personas muertas, según la ministra anterior de Sanidad de España. Había un abogado investigando y se dio cuenta de que no había ninguna muerte. Lo hicieron con abuso de poder, porque no había ningún "caso", y fue en contra de la libertad de las personas, en este caso, yo.

Sabemos que le censuran sus vídeos. Pero, además, ¿recibe amenazas?

En primer lugar quiero decir muchísimas gracias por los miles de emails que estoy recibiendo, apoyándome. Esta es la gente que me importa. Que me amenacen me da igual. Yo estoy haciendo esto por aquellos que están a favor de mi trabajo. Los que están en contra me dan igual, los ignoro, que digan lo que quieran. Yo quiero ayudar a la gente que quiere escucharme. Ese es mi karma. Si alguien me quiere escuchar, bien. Yo no tengo que convencer a nadie, ni es mi intención. Quiero decir "Gracias", porque hay cartas preciosas, bellísimas, de gente recuperada. Que me han contado historias de sus familias, que estaban sufriendo de coronavirus, diabetes. Esa es una de las cosas que dan sentido a mi vida.
Todo el mundo piensa que lo que importa es el dinero. Mire, yo tengo casi 60 años. Tengo mi casa, mi perro, mi coche y mi bici. No necesito nada más. No me puedo comer cinco filetes, y me da igual que el coche pueda ir a 290. No voy a ir a esa velocidad, ni me hace falta. Tampoco quiero impresionar a nadie con lo que sé o con lo que tengo. Eso es absurdo.

ENTREVISTAS DESDE EL CONFINAMIENTO

Porque solo sé una cosa: Todos nosotros vamos a morir. Yo, y tú también. ¿Cuál es la diferencia? Morir siendo el más rico del cementerio, enhorabuena. Otro idiota. La cosa es que, si te mueres, el último día debes preguntarte: ¿Qué has hecho en tu vida? ¿Y para qué? Yo estoy haciendo esto para dar sentido a mi vida. Que digan lo que quieran, es su energía negativa, no la mía. Yo no dejo que su energía entre en mi campo. Hay gente que está gritando fuerte. Pues mira, por mucho que grites, no tienes más razón. La razón es la consciencia, la coherencia y la lógica. La lógica es parte de la Ciencia. Y dentro de la Ciencia tenemos referencias ("alguien ha dicho algo") y del otro lado, evidencias. ¿Cuál tiene más valor?

La evidencia. Y... Volvamos a la censura. Hace poco cerraron el canal de YouTube "Mindalia", entre otras cosas, por una entrevista que le hicieron a usted.

Esta es otra. ¿Por qué cierran canales? ¿Quién teme qué? ¿Quién está detrás? La gente debe empezar a investigar. Si la gente cree lo que dicen los medios de comunicación, que son *propiedad de alguien*, son más certeros que los medios de la red, que no lo son... O la gente que ha experimentado algo (testimonios). Cada uno puede opinar lo que quiera.

Esas medidas que nos indican, de ducharnos rápido al volver a la casa, limpiar las cosas que traemos del supermercado... ¿Son correctas?

Digámoslo así. Estoy ofreciendo al mundo una solución, que en dos meses termina con este drama. Y no me quieren escuchar. ¿Qué quieres que te diga?

Pero al pueblo, la gente común que confía en usted, ¿Qué les diría?

Precisamente la gente común es quien debería repartir esta información. Yo ruego que repartan la verdad. A aquellos que han tenido *experiencias* positivas, que las escuchen. No a aquellos que tienen una simple *referencia*, "Esto es así porque alguien lo ha escrito alguna vez". No. ¿Cuántas veces hemos tenido hechos que, científicamente, han sido "probados" y al final, no lo eran? Muchísimas. Yo recuerdo que en los años 80 y 90 se decía que nunca, jamás, una bacteria podía sobrevivir en el estómago. Había un señor que descubrió una bacteria que sí puede estar en el estómago. Se reían de él, se mofaban, lo difamaban. Veinte años más tarde, recibió el Premio Nobel.

Entre los comentarios, la gente dice que el negocio es crear una vacuna.

Afirmativo. Digámoslo así. Supuestamente ahora tenemos cien mil enfermos. ¿Cuántas dosis puedo vender? Cien mil. Y cuando vacuno, ¿A cuánta gente puedo vacunar? Ciento veinte millones. Ahí está el gran negocio de Bill Gates, que, por lo visto, está financiando a la OMS. Dentro de la OMS hay gente muy buena. Pero si miramos arriba, en el poder, son personas conocidas como criminales.

ENTREVISTAS DESDE EL CONFINAMIENTO

Preguntan por las mascarillas y su efectividad, desde la simple hasta la que tiene un microfiltro N95.
El microfiltro es bueno para bacterias. La bacteria es como un camión comparada a una naranja, respecto al virus.

Me está diciendo que las mascarillas no sirven...

En Guayaquil murieron 7.000 personas, y llevaban mascarillas. El miedo es un muy buen vendedor, pero un muy mal consejero.

Entonces, a modo preventivo, ¿Qué podríamos hacer?

Hay una cosa muy fácil. Es el protocolo H. Tengo un poco de este líquido (dióxido de cloro). Lo pongo en un vaso, dejo este vaso al aire. El gas se evapora y desinfecta el aire. Bastan 10 mililitros para 12 metros cuadrados. Existen estudios que demuestran esto. Porque con el SARS, que es el virus anterior al coronavirus, ha funcionado en todos los animales. Los que tenían en el aire una pequeña cantidad de dióxido de cloro, no enfermaron.

¿Qué le diría a los médicos y enfermeros que le creen a usted pero no pueden hacer nada?

Les diría que se preparen un spray pequeño y cuando entren en las zonas calientes del hospital, se rocíen la mascarilla. Esto atrapa al virus, y éstos se oxidan con el dióxido de cloro.

ENTREVISTAS DESDE EL CONFINAMIENTO

Yo a la gente le diría que en la vida, no hay nada más bonito que aprender. Cuando tú aprendes algo, ese es el verdadero valor. No el dinero que tienes amontonado. Tú puedes tener dinero amontonado y ser un persona miserable, porque te sientes mal, porque te importa lo que digan los demás. Puedes enfocarte en lo malo, en las conspiraciones, en los porqués, pero tampoco te aporta nada. Lo que aporta es la energía positiva, y la energía positiva solo la obtienes cuando haces alguna cosa positiva a las personas que están a tu alrededor. Nada más.

Quiero agradecerle por esta entrevista. Me quedé sorprendida cuando vi la respuesta a mi correo.

Yo quiero agradecerle por haber hecho la entrevista como lo ha hecho. Ojalá los medios de comunicación hicieran las mismas preguntas, de la misma manera. Te hacen preguntas similares pero de una manera que te cortan, y no puedes ni responder. Hay muchas trampas que están haciendo los medios de comunicación. Prefiero hacer un programa como el tuyo, pequeño, entre comillas, que a veces tienen más espectadores que el Washington Post, que no lo lee ni su madre. Los medios de comunicación grandes tienen los medios contados. Porque, precisamente, la gente que trabaja ahí están muy mal, muy agobiados. Hay grandes profesionales a los que les están obligando a escribir lo que ellos no quieren.

ENTREVISTAS DESDE EL CONFINAMIENTO

Liwei Fu (China). 20 de abril de 2020

"La gente piensa que China viene con inversiones, con dinero. Pero todo es una trampa de deudas"

ENTREVISTAS DESDE EL CONFINAMIENTO

Buenos días, señora Liwei Fu. ¿Cómo está usted?

Buenos días, muchas gracias, me puedes llamar de "tú", por mi nombre, Liwei (sonríe).

Eres periodista. Pero supongo que en China no debe ser fácil ejercer esta profesión.

Nací en China, pero crecí en Taiwan, fuimos allí con mi familia. Pero tengo muchísimos parientes en China. He viajado durante muchos años, tras acabar mis estudios universitarios. Me fui a Europa, después Sudamérica: Brasil, Argentina, Perú. Después fui a Corea, después a Taiwan de nuevo por unos años, luego Alemania y de allí, otra vez Argentina. He viajado mucho, y por eso me interesa escribir sobre cada país, sobre qué está pasando en todo el mundo.

¿En qué momento decidiste lanzarte como periodista independiente?

Realmente, yo no vivo del Periodismo. Mi carrera fue la de traductora. Pero, como viví en tantos países, me interesa mucho la vida de cada país, de cómo la gente es tan diferente, pero básicamente, somos iguales. Empecé a escribir sobre cada país, sus costumbres, las cosas que he observado. Pero, el tema de China se vuelve muy importante, especialmente en 1999, cuando comenzó una persecución religiosa muy grave. Como yo tengo parientes allí y conozco gente que fue perseguida, entonces comencé a trabajar para revelar la verdad, sobre un montón de cosas terribles, sobre mentiras...

ENTREVISTAS DESDE EL CONFINAMIENTO

Me sorprendió mucho de que los países occidentales creen mucho en lo que dice el PCCh. Y nosotros, (que vivimos) en Taiwan, Hong Kong y otros países asiáticos, sabemos que no podemos confiar en el PCCh. El partido miente y manipula, lo ha hecho para sobrevivir durante estos 70 años.

Yo creo que muy pocos chinos quieren al PCCh. Pero no tienen la alternativa ni la libertad para elegir. No hay elecciones. Las primeras víctimas, pobres, de toda esta pandemia, fueron los chinos. Por eso, cuando el presidente Donald Trump decidió llamar al Covid19 como "virus chino", yo creo que fue errado. Sino que es el "virus del PCCh".

En ningún país tenía que haber sucedido lo que sucedió. En España es muy grave la situación. Volviendo a China, hubo miles y miles de muertos. No sé por qué dicen que solo 4.000. Está todo encubierto, no se habla, y la gente no sabe qué tiene y hay gente desaparecida porque se atrevieron a hablar. Esto no puede pasar en otros países. Todo país que acepte al PCCh, será un peligro. Los países con las peores situaciones del coronavirus son aquellos que aceptan a este régimen.

La Nueva Ruta de la Seda, "One Belt, one Road", inspirada por la vieja. Quieren hacer comercio, exportar sus cosas por esa misma ruta. En el siglo XIV existió la peste negra, que duró tantos años y mató a la mitad de la población. Lo interesante es que el epicentro, donde se originó esta peste negra, fue Wuhan. Y también llegó a España e Italia, Irán...

ENTREVISTAS DESDE EL CONFINAMIENTO

No existen las coincidencias. La historia siempre se repite. Lamentablemente, las cosas que no son buenas también se repiten.

Ahora, hay que ver cómo se puede cambiar. Respecto a este virus (el actual), la situación es grave pero no será tan grave, porque el mundo está despertando. España e Italia se están dando cuenta de que no se puede seguir con un poder totalitario que miente y solo hace negocios para su beneficio, y que es corrupto.

En China decimos que cada cosa tiene dos lados: yin y yang - noche y día, positivo y negativo, negro y blanco -. Este virus es negro, es malo, pero también puede despertar a la gente.

Tú formaste parte de la creación de un periódico, "The Epoch Times", "La Gran Época", en español. ¿Cómo surgió este periódico?

Sí. "The Epoch Times" primero fue chino. Lo fundaron personas que eran perseguidas en China, que no tenían voz. Lo fundaron en Nueva York. Después creció mucho, tiene un formato multimedia en varios idiomas. Yo fundé "La Gran Época" en español, en Argentina. Porque me había dado cuenta de que nadie allí sabía nada sobre China. Argentina está muy lejos, como toda Sudamérica. El gobierno chino está viniendo aquí, con todas las tentaciones, las ofertas de negocios, corrupción... excepto Paraguay (sonríe). Y Paraguay tiene pocos infectados.

ENTREVISTAS DESDE EL CONFINAMIENTO

Es un país pequeño y tiene relaciones diplomáticas con Taiwan. Desde enero ya estuvieron bien protegidos, les pidieron dinero a Taiwan para comprar mascarillas.

¿Cómo se sostiene, económicamente, este periódico? ¿Hay gente que colabora, o se vende? Supongo que no es fácil.

No, es muy difícil. Antiguamente, durante los primeros años, nosotros hacíamos todo: redactar, diseñar y repartir. Pero, con el tiempo, fue muy difícil. Porque no lo queríamos vender. Tampoco conseguíamos publicidad. Pero desde hace dos años, en Nueva York, comenzamos con el multimedia. Allí está centralizado todo. Aquí hay gente traduciendo para ellos.

Yo ya no estoy vinculada a "The Epoch Times", porque ya no tenemos diarios impresos en Argentina. Nosotros hemos creado un blog que integra todas las noticias sobre China, y sobre la pandemia. Porque aquí, como sabrás que en Paraguay también, llega poca información. También llegan muchas "fake news" (noticias falsas). Por eso, recopilamos informaciones de varios idiomas y las traducimos para el blog. Ayer vimos que 37.000 personas lo habían leído. Vemos que hay una necesidad de la gente, de llegar a la verdad respecto a esta pandemia.

https://tierrapura.org/

¿Qué mensaje le podrías dar a los gobiernos, cuyos países han sufrido más del coronavirus?

Que se alejen rápidamente del PCCh. Ellos nunca hacen un intercambio con beneficio mutuo.

ENTREVISTAS DESDE EL CONFINAMIENTO

Nunca hacen un negocio, sin que ellos ganen primero. Ha engañado tanto a Estados Unidos, que Trump es el primer presidente que quiere parar con todo esto. Uno piensa que China viene con inversiones, con dinero. Pero todo es una trampa de deudas. Las inversiones son préstamos. Los intereses son altos. Y si lo hacen sin intereses, se llevan algo tuyo. Por ejemplo, con Argentina, sus recursos naturales.

Lo mismo hacen con Europa. La idea de la Nueva Ruta de la Seda no es para traer prosperidad a los países, es para que China venda todas sus cosas, haga inversiones y compre cosas a los países, casi gratuitamente. En el contrato establecen como garantía que ellos pueden traer a sus trabajadores. Hemos visto el caso de Italia. Hay un montón de trabajadores en fábricas allí. Llega un avión lleno de ciudadanos chinos, después están encerrados en un complejo y trabajan, trabajan y trabajan para ellos. Es más barato. Y después, exportan a China otra vez.

Un país democrático nunca puede ganar en un negocio con un régimen totalitario, que tiene experiencia en engañar. Los líderes de los países también sean comunistas también son engañados. El comunismo en China es diferente. Lleva 70 años de "limpieza". Han muerto como 85 millones de personas, no de forma natural. Sino por ese régimen.
Cuántos estudiantes aplastados por tanques, solo por querer un poco de libertad para decir algo. En China, nadie puede decir nada. Y no quieren que los campesinos sean inteligentes, ni educados, ni ricos. El ciudadano chino es bueno. Pero le han adoctrinado. Las víctimas en China son los mismos chinos.

ENTREVISTAS DESDE EL CONFINAMIENTO

Los miembros del PCCh siempre son personas que tienen estatus social, ellos no quieren al campesino. Son muy ricos, muy corruptos, y te protegen y te dan dinero si tú haces las cosas con maldad. El resto, la masa, solo es un número.

Con este virus, la gente tiene miedo. No es verdad que hay solo 4.000 muertos. Hay muchos más y es terrible.

¿Qué nos podría decir de los chinos que viven fuera de China?

Hay que entender que durante toda su vida, les han lavado el cerebro. Que el gran partido es tu padre, tu madre. Que Mao Zedong fue un grande.

Con este virus, se demostró que al PCCh no le importan las vidas, y mucha gente de todo el mundo está molesta por eso. Ese partido tiene que irse, porque quieren controlar el mundo.

La Gran Época

https://es.theepochtimes.com/

"Hablemos de China":

https://www.youtube.com/channel/UCGP-8xshcUCmp2BYOYXxEug

"La Gran Época", en YouTube:

https://www.youtube.com/channel/UC7dKB70qLXi2JbU21NWKu9A

ENTREVISTAS DESDE EL CONFINAMIENTO

Josep Pàmies (España). 22 de abril de 2020

"Gracias a las plantas, la gente puede sanar, y gracias a los medicamentos, la gente puede morir".

ENTREVISTAS DESDE EL CONFINAMIENTO

Buenas tardes, Don Josep. Muchas gracias por estar aquí con nosotros. Sé que mucha gente le conoce, pero, para aquellos que no, les cuento que a usted se le llama, entre otras formas, "El campesino de la stevia". Se ha dedicado toda la vida a estudiar las propiedades de las plantas, y a luchar para que éstas se reconozcan. ¿Es así?

Sí, así es. Pero cuesta mucho, porque ésto choca contra los intereses de las farmacéuticas, que cogen las plantas para pervertirlas. Y cuando las quieres utilizar en forma natural, te fastidian. Pero bueno. Es la vida.

Viendo un poco de su historia, leí que en el año 2000 usted "descubre" muchas propiedades de la stevia.

Sí, esto fue al inicio de los cambios de la agricultura química, que había cultivado muchos años, porque creía que era el futuro, la revolución verde que vino después de la Segunda Guerra Mundial. Cuando empiezo a cambiar a la agricultura ecológica, porque mis tierras enfermaban y yo también, descubro la stevia. Se la llevé a un gran cocinero que se llama Ferrán Adrià, (cuyos restaurantes) tienen estrellas Michelín y es muy conocido. Empecé a tener problemas porque en España la planta estaba prohibida, no podía cultivarla. Me empezaron a perseguir. Por eso me conocían como el "payés (agricultor) de la stevia", porque la defendí hasta el final, y ahora, por fin, es legal.

ENTREVISTAS DESDE EL CONFINAMIENTO

La industria farmacéutica utiliza artimañas para prohibir plantas, que ellos, que ellos sintetizan. Por ejemplo, la stevia sintética está autorizada en Estados Unidos. Ya no necesitan ni la mata natural de la planta. Pero claro, la planta natural, además de ser un buen edulcorante, es extraordinaria para la diabetes, la hipertensión, el colesterol, los triglicéridos, ansiedad... Y ésto les fastidia. Habitualmente las infusiones, los tés, suelen ser amargos. Pero, esta planta es dulce, entonces, te vicia y te sana.

Al final hemos conseguido, pero ha costado mucho. Los intereses económicos siempre retrasan los procesos, siempre.

Entonces es legal. Se puede cultivar, vender, en fórmulas magistrales...

Sí, ahora sí. Lo único que no está permitido es utilizarla en productos "light", que hay muchos en los supermercados, esta basura que venden. No permiten poner la hoja natural, solo permiten poner la sintética, elaborada por la industria farmacéutica. Esto es lo que hay. Es una vergüenza, pero en Europa tenemos estos políticos, que están vendidos a esta industria y solo autorizan una parte. Hubieran autorizado su uso para todo. Para que lo lleven los alimentos, en vez de llevar edulcorantes artificiales asquerosos como el aspartame y la sacarina, o la stevia refinada - que no tiene propiedades -. Si se pudiera hacer una mermelada, unas magdalenas, o galletas con hoja de stevia, ésto hubiera sido extraordinario. Esto aún nos queda pendiente para que lo legalicen.

Justamente, una de mis preguntas era si los productos que vemos en los supermercados, endulzados con stevia, tienen propiedades beneficiosas, pero ya me ha dicho usted que no...

Ni una. Solo que te ahorras el tomar el azúcar refinado. Eso ya es algo positivo.

Usted dijo una vez que somos como las plantas: Cuantos menos químicos consumamos, mejores serán nuestras defensas.

Sí, pero nos meten químicos en el campo con insecticidas, fungicidas, herbicidas y semillas transgénicas, que ya sabemos que provocan cáncer y alergias. Nos meten aditivos químicos en los alimentos, pero te lo preparan de forma hermosa en paquetitos de colores. Pues bueno, después no saben de dónde viene tanta enfermedad, por qué hay millones de personas que mueren de cáncer, enfermedades raras, autismo... En vez de ir para adelante, como sociedad, en la salud cada vez vamos a peor. Es muy raro, ¿no? Pues claro. Si comiéramos como comían nuestros abuelos, y con la Ciencia que hay hoy en día... La Ciencia ha ayudado a nivel de diagnóstico, de tratamientos quirúrgicos, de emergencias.

Si combináramos ambas cosas (alimentación de nuestros abuelos + Ciencia) tendríamos una salud de hierro. Pero la farmacología es la que domina la Medicina actual y nos está matando. Realmente, no está hecha para curar. Porque curar no es negocio.

ENTREVISTAS DESDE EL CONFINAMIENTO

Stevia rebaudiana Bertoni

Esto ya lo decía un premio Nobel de Medicina, Richard J. Roberts: "El medicamento que cura no es rentable". Y decía que cuando investigan un medicamento que pude curar, les obligan a transformarlo en uno que cronifique, porque si no, no les pagan la investigación. Esto es tan demente... Que los gobiernos autoricen medicamentos que no sirven para curar, sino solo para alargarte la vida y calmarte. Esto es diabólico y es criminal. Por lo tanto, hay que volver para atrás. Ni un medicamento cura. Ni uno. Puede que te alivie.

Hay un medicamento que se autorizó hace cuatro años para la Hepatitis C, que resulta ser que la curaba. Pero esa empresa cayó en desgracia porque de 14 mil millones de ventas en medicamentos, con los años cayó a cuatro mil, y en Bolsa se castiga cuando tú no aumentas la venta de un medicamento. Podríamos estar orgullosos de originar un medicamento que cure, pero no.

ENTREVISTAS DESDE EL CONFINAMIENTO

Esta empresa dice que ya ha acabado, que nunca más volverá a cometer ese error, de hacer medicamentos que curen, porque esto le hunde la economía. Y así vamos. Y esto es muy triste.

Leí en una entrevista que usted dijo que en las universidades, quienes financian los proyectos son precisamente este tipo de empresas a las que no les interesa curar.

¿Dónde está el dinero? En la industria farmacéutica, en la industria petrolera, en todas esas empresas contaminantes y dañinas. Hacen negocio porque nos tienen atrapados con la gasolina, el petróleo, la calefacción. Y por la salud, en este caso, por las enfermedades a través de la industria farmacéutica. Aquí es donde entran grandes chorros de dinero, continuamente, y nunca están en crisis. Lógicamente, son las que pueden pagar. Pero los gobiernos del mundo, ¿no tendrían que hacer un aporte de dinero público para hacer investigaciones para desarrollar medicamentos que curen? Prácticamente no hay ningún gobierno al que le interese esto, porque entonces entrarían en competencia con esa industria que domina el mundo.

Volviendo a la *Stevia rebaudiana*, originaria de Paraguay. Los indígenas guaraníes ya conocían sus propiedades. Es llamada "ka'a he'ẽ" (hierba dulce) en el idioma guaraní. Moisés Bertoni investigó a fondo dichas propiedades, y le puso el nombre en homenaje al médico español Pedro Jaime Esteve. Es una unión muy bonita:

ENTREVISTAS DESDE EL CONFINAMIENTO

Un suizo, un español, los indígenas paraguayos... ¿Alguna vez estuvo usted en Paraguay?

No, pero las primeras semillas que me llegaron hace 20 años, vinieron directamente de Paraguay. Era una stevia criolla, original, no estaba modificada genéticamente como las actuales, que están siendo modificadas por Monsanto y Cargill. Era una stevia salvaje, con un 80% de esteviósido, que es lo que le da la propiedad a la stevia. Y el rebaudiósido, un 20%. El problema de la stevia que cultivamos aquí es que tiene un gustito a regaliz. Cuando la persona compra una planta de stevia y no tiene ese gusto, es porque fue modificada genéticamente para que no lo tenga. Contiene más rebaudiósido, y pierde en buena parte sus propiedades.

Por eso es tan importante conservar las especies, las variedades. Estamos orgullosos de haber colaborado con que esa variedad maravillosa, que salió de Paraguay, la estemos conservando, cuando, a veces, ni en el propio Paraguay se está conservando. Porque allí, las grandes extensiones de stevia las están cultivando con semillas modificadas por estas mafias, Monsanto y Cargill.

Entonces, sería bueno que la gente las cultivara en sus casas, en sus terrenos... ¿Es fácil que crezca?

Es tropical. Y nosotros la cultivamos en un clima continental, frío y muy caliente en verano. Por lo tanto, aquí nos desaparece a finales de noviembre/diciembre, porque estamos en el hemisferio norte, y en febrero/marzo, vuelve a brotar.

ENTREVISTAS DESDE EL CONFINAMIENTO

Las tapamos un poquito con mantas térmicas para que sientan más el calor, y se crean que están en el Trópico, como en Paraguay, y las pobrecitas brotan un poco antes (sonríe). Las forzamos un poco con artimañas que tenemos los agricultores. De abril a septiembre están hermosísimas. Luego, decaen.

En cambio, en Paraguay, me consta por amigos que tengo allí, de que cuando la hoja se seca, y florece y hace semilla, de nuevo empiezan a salir los brotes. Aquí no. Aquí esperan tres meses casi para volver a brotar, porque le falta el día largo y la temperatura que tenéis allí. Nosotros hemos querido hacer un homenaje a esta planta, a esta historia que mencionabas. De un médico español, del otro suizo... Y bueno, aquí la tenemos y sabemos que esta puede ser la solución a toda la diabetes mundial, imagínate, hay 400 millones de diabéticos en el mundo. Si conociera esto, la mitad de ellos no serían diabéticos. La mitad, como mínimo, porque también depende de lo que comes. Si comes mucha basura, mucho azúcar, mucha comida del supermercado, se resienten tu páncreas y tu hígado.

Pero, básicamente, la diabetes se debe al azúcar y por tanto, la stevia puede ahorrar en el sistema sanitario mundial, cantidades ingentes de millones de euros. Porque no habría tanta enfermedad. No habría gangrenas, porque, no te lo pierdas: Vemos personas a las que se les cortan trozos de pies, de piernas, porque su carne se le pudre. Cuando toman stevia, ¡paran las gangrenas! Porque la stevia, aparte de regular el azúcar, lo que hace es mejorar la circulación capilar.

ENTREVISTAS DESDE EL CONFINAMIENTO

Vuelve a regar con sangre los tejidos que están dañados. Tenemos casos espectaculares de detención de gangrena, solo tomando la stevia.

Sabemos que la diabetes provoca cegueras. Si no estás ciego del todo, recuperas en parte la visión y ya no vas a empeorar, si tomas stevia. Es una planta que ya consideramos básica, porque la diabetes es una pandemia mundial. Ésa sí que es una pandemia, y no ese bichito de ahora (coronavirus). ¡400 millones, y casi 10 millones mueren al año, por culpa de la diabetes!

En cambio, la OMS no recomienda la stevia. Hace una mala función, porque no es la Organización Mundial de la Salud, es la Organización Mundial de la *Enfermedad*. Y a ella le va bien que haya enfermedades. Porque está financiada, en un 80%, por la industria farmacéutica. Y ahora tenemos un problema muy grave por eso, porque no es un organismo fiable. No es un organismo público, es un organismo financiado privadamente y que nos está dando malos consejos.

Quizás esta "pandemia" actual está ayudando a que muchas personas abran los ojos. No sé si usted llegó a conocer a Joel Filártiga, un médico rural paraguayo, quien falleció el año pasado. Él fue quien me explicó sobre todo esto, muchas personas aprendimos de él. Así supe lo que es Monsanto, lo que son los organismos genéticamente modificados, etc. Ahora, que estamos encerrados en casa, dándole vueltas a todo, y teniendo acceso a otros medios de comunicación que no sean los tradicionales... Pienso que más gente abrirá los ojos.

ENTREVISTAS DESDE EL CONFINAMIENTO

Sí. Porque si no abrimos los ojos... Antes eran Stroessner, o Videla, los dictadores duros, que perseguían a personas de bien. Pero ahora las democracias, que de democracia solo tienen el nombre, persiguen igual a las personas que intentamos que la gente sea autosuficiente a nivel de salud. La dictadura ahora es generalizada. Pasa más modosa, no va con armas, pero te matan, te silencian. A mí me han borrado la mayor parte de los vídeos que tenia, mi cuenta de Facebook, mis canales de YouTube. Utilizan otras formas más sibilinas de hacer este ataque.

Y dicen que en China han aprovechado la pandemia para eliminar a miles de disidentes. Por eso es una vergüenza, porque allí no hay transparencia, no hay nada. Al menos en España, o en los países que dicen que son democráticos, aun no se han atrevido a eliminarnos físicamente. Pero, nos eliminan de las redes para que nuestras voces no se oigan.

Precisamente, quería abordar el tema de los medios de comunicación. Vi un reportaje horrible que hicieron sobre usted. El tono con el que hablaban, esa música siniestra de fondo, para que pareciera que usted, prácticamente, es un asesino en serie, que está ahí conspirando para matar a todo el mundo. Resulta vergonzoso ver cómo le tratan a usted algunos medios de comunicación. Me da vergüenza ajena, la verdad.

ENTREVISTAS DESDE EL CONFINAMIENTO

Sí, pero a mí me da esperanza el hecho que dediquen tantos esfuerzos, las cadenas de televisión españolas, y periódicos, a un agricultor. Que no tengo ningún título ni tengo credibilidad (ironiza). Pues, será que la debo tener, porque les preocupa. Entonces, todas esas cadenas y periódicos que dependen de la financiación de esa industria farmacéutica mafiosa, les encomiendan programas para que me machaquen. Pero, cuanto más me machacan, más visibilidad me dan. Y la gente va descubriendo, y les empieza a dar asco esa crítica sin fundamento. Porque, cada vez que, gracias a esos medios, me han acusado en fiscalías y juzgados, siempre he salido absuelto.

Pero manchan mi nombre, manchan el nombre de "Dulce revolución". Saben que si insultas o injurias, algo quedará, y es verdad. Si no hubieran existido esos ataques, el proceso de concienciación de las personas para recuperar la salud hubiera sido muy rápido. Aunque, quizás tampoco nos hubiera convenido, porque hubiéramos muerto de éxito. Igual tenemos que ir más poco a poco en ese cambio. La gente no tiene que cambiar de un día para otro, porque lo diga uno u otro.

Yo lo que quiero es que las personas que me oigan reflexionen, que busquen a ver si la información que digo es cierta o no, y se darán cuenta de las maniobras sucias que hay de parte de todos los gobiernos, mi propio gobierno catalán, y el español. Cómo intentan atacarme para que calle. Y no me van a poder callar, porque si me borran los vídeos, abro Facebook, si me cierran Facebook, abro por WhatsApp o por otros canales libres.

ENTREVISTAS DESDE EL CONFINAMIENTO

Yo tenia 330.000 seguidores en Facebook. Y cuando publicaba un artículo, llegaba a mucha gente. Pues ahora me lo han cortado. Tenemos que reinventarnos, y lo estamos haciendo. Estamos llegando de otra manera. Quizás no a tanta gente, pero la familia va aumentando. Somos miles de personas ya las que creemos en esa lucha pacífica, de ser más autosuficientes, de procurar nuestra propia comida, de plantar alguna cosita en el balcón, en el jardín, en el huerto. O hacer que algún amigo te lo cultive y sepas lo que comes. A veces, una planta en tu balcón o en tu jardín, puede ser cuestión de que vivas o mueras. Hay plantas maravillosas. La stevia para la diabetes, la artemisa para el cáncer y el sistema inmune, la kalanchoe también para el cáncer. Con muy pocas plantas puedes tener en casa quizás la salvación de tu vida, curando una de esas enfermedades que dicen que sin incurables. No es verdad, no hay ninguna enfermedad incurable si la cogemos a tiempo. ¡Ni una! Lo que pasa es que nos quieren meter miedo. Y el miedo es lo que mata.

Volvamos al tema de los procesos judiciales. Usted decía que resultó absuelto de todos ellos.

Sí. Me acusaron de ser un traficante de marihuana, pero la juez dijo que no, porque realmente y cultivaba unas plantas de marihuana para personas con esclerosis múltiple y cáncer. Para viejecitos que no podrían cultivarlas, que tenían artrosis, dolores. Luego, me acusaron de destrozar un campo de transgénicos y de lesionar a un guardia civil. Y se demostró que todo era un montaje policial para desprestigiarme, y también me absolvieron.

ENTREVISTAS DESDE EL CONFINAMIENTO

Después, me acusaron de atentar a la salud pública, por hablar del MMS. Pues también la Fiscalía del Estado me absolvió, archivó las denuncias. Ahora mismo, otra denuncia, del Colegio de Médicos de Cataluña, y se han sumado todos los médicos de España, otra vez por "atentar a la salud pública" por hablar del MMS. No se cansan, y no ven que no van a poder conmigo. Me han puesto multas, de 600.000 euros, por hablar de un producto que iba bien para el autismo, el MMS también. Y no voy a pagarla porque soy pobre. Lo poco que tenía me lo saqué hace años y se lo di a mis hijos. Yo no tengo nada, y ya está, y que os den.

Yo voy a seguir hablando libremente, porque en este momento soy pobre. Estoy en casa de mi mujer y de mi hijo de "okupa", me dejan estar allí. No tengo nada.

No pueden morderme, que es lo que siempre hacen estos lobos que hay en la política. Que cuando quieren parar a una persona, van a ver si pueden pillar su pequeño patrimonio, sus pequeños ahorros, para dejarle pobre y miserable. Pues a mí, ya no pueden.

Me decía usted que nunca fue a Paraguay. Me gustaría que fuera. En cada esquina en las ciudades hay una yuyera, es decir una señora que vende yuyos (plantas medicinales). Con sus cestas (canastas) llenas de plantas. En las calles, en los mercados... Y nadie les dice nada. Tampoco nadie se murió por consumir plantas, al contrario. Las tomamos con el tereré, con el mate...

ENTREVISTAS DESDE EL CONFINAMIENTO

***Una yuyera, en su puesto de venta en el centro de
Asunción. (Fotografía: Diario ABC de Paraguay)***

La cultura fitoterapéutica oral del Paraguay es la mejor
del mundo. Es tan rica, tan rica, que está reconocida a
nivel internacional. Nos falta un poco el terminarlo de
reflejar en más libros, pero las recomendaciones orales de
yuyeros y yuyeras de allí es la más rica del planeta.
Intenten conservarlo, porque hoy en día vemos que,
gracias a las plantas, la gente puede sanar. Y gracias a
los medicamentos, la gente puede morir.

Los medicamentos son la tercera causa de muerte en el
mundo. Ahora os enseño un libro (lo muestra a la cámara):

El autor, Peter Gøtzsche, es un gran médico. El libro
está prologado por el jefe de farmacología de un gran
hospital de Cataluña, Joan Laporte. Y el subtitulo dice:
"Cómo las grandes farmacéuticas han corrompido el
sistema de salud".

ENTREVISTAS DESDE EL CONFINAMIENTO

(Yo diría) Cómo corrompen (en presente) a los gobiernos. Es muy fuerte, y ninguna querella ha tenido este hombre. Y él denuncia todas las maniobras sucias que hacen los gobiernos en connivencia con las farmacéuticas, para fastidiarnos. Aquí hay otro libro, de un periodista de investigación científica:

De aquí sacas tanta información... ¿Por qué no se permite curar a las personas con terapias que han estado reconocidas? Y que luego la industria farmacéutica, se ha apoderado, las ha reconvertido para que no curen, sino que solo alivien. Esto es ser criminales. Y estos criminales, algún día tendrán que pagar por todo lo que están haciendo al mundo.

Queremos salud. Salud, dinero y amor. Lo primero es la salud. Sin eso, no puedes trabajar... no hay nada. Por lo tanto, con la salud empieza todo. Eso es tan básico, y por eso somos tan influyentes. Porque estamos tocando la parte que les duele al sistema. Porque nos quiere enfermos, y por lo tanto, no-libres. Cuando estás enfermo, no eres libre de hacer nada ni de decidir nada, porque solo tienes en la cabeza tu enfermedad. Pero cuando te liberas de tu enfermedad, empiezas a ser creativo... Músico, carpintero, agricultor. Lo que sea. ¡Explota tu vida! Pero, al estar enfermo, no.

Es tan importante estar bien. Y eso solo lo podemos hacer nosotros. Porque los médicos, pobres médicos, cuando les enseñan en las universidades - que están prostituidas - solo les enseñan fármacos. No les enseñan ni una planta. No les enseñan lo importante que es comer bien para no enfermar.

ENTREVISTAS DESDE EL CONFINAMIENTO

Estos médicos están con una carencia enorme.   Son muy buenos en diagnosticarte, en tratar y en salvarte la vida en caso de emergencia. Pero el día a día, que es lo que interesa, que estemos bien, y no enfermemos, no es posible.

Mi hija es médico. Ha aprobado las oposiciones. Me dice que quiere hacer Medicina Preventiva, pero no hay plazas. Sólo hay plazas para de médico de familia, cuarenta enfermos cada día allí, y así no tienes tiempo de hacer Medicina Preventiva. Qué triste, ¿no? Tenemos que volver para atrás. Que no haya tantos enfermos, y que los médicos se dediquen a esa política sanitaria de evitar la enfermedad, no de intentar curar. Que, también está bien, pero lo primero es no enfermar.

Precisamente decía usted en otra entrevista, que, gracias a la Medicina, está vivo. Eso no está en discusión. Porque, mucha gente que lo ataca a usted, que atacaba a Filártiga o que ataca a Kalcker, dicen que ustedes están en contra de los médicos, y no es así. Sino que lo ideal es una combinación, primero intentar prevenir, y una vez que eso no baste... Yo, si me accidento, claro que iría a Urgencias.

En ocho años he tenido dos anginas de pecho, y esta última vez, con infarto. Los médicos me decían, "Es imposible que tenga usted anginas, teniendo las arterias tan limpias y con analíticas perfectas, sin colesterol y sin nada". Porque yo como poco y muy bien, mucha fruta y verdura. Pero, claro, cuando uno tiene angina de pecho, u otras enfermedades, no solo es por lo que comes, sino lo que piensas. Las presiones que recibes.

ENTREVISTAS DESDE EL CONFINAMIENTO

Ahora he tenido la suerte de conocer a otro cardiólogo, eminente, Manel Bellester, y él me dijo que la mayor parte de los problemas del corazón se debe a que no sabes resolver tus angustias. Los ataques (al corazón) vienen por eso. Porque, cuando tú tienes una angustia, la musculatura arterial del pecho se contrae, la sangre no pasa, se produce la angina, y te mueres. Aunque hubieras estado sano. Tengo amigos que han muerto de infarto, habiendo estado muy sanos.

Un pobre médico del hospital donde me operaron me dijo "¿Cómo es que ahora ha venido a la planta de Cardiología?". Y le dije "Sí, señor doctor, yo vengo a la planta de Cardiología, porque todas las plantas me gustan. Hasta la de Cardiología. (bromea). Cuando me hace falta, no tengo ningún reparo en venir a que me ayudéis. Y vosotros no tendríais que tener ningún reparo en recibir alguna experiencia que yo tengo con plantas o con dietas, para que también os pudiera servir y pudiéramos hacer una Medicina Integrativa".

Pero estas mentes tan lúcidas de la Medicina atacan todo lo que no sea "titulitis", todo lo que no tenga título. Yo a mi hija le digo: "Tú tienes un título de médico y yo el título de agricultor. Pero el día que yo sepa lo que tú sabes, y tú supieras lo que yo sé, haríamos un promedio impresionante". Y me contesta "Sí, papá, pero yo no tengo tiempo. Con 40 enfermos cada día, no puedo estudiar, no puedo estar con eso. Tengo que practicar lo que he estudiado". Y lo entiendo. Claro, es que la vida da para lo que da. Con 40 años, dos niñas y 40 enfermos cada día, es imposible formarte otra vez.

ENTREVISTAS DESDE EL CONFINAMIENTO

La culpa no se la damos a los sanitarios, se la damos al sistema, que impide que salgan médicos integrativos, que no estén en contra de nada, sino a favor de todo.

¿Qué nos podría decir de la Medicina en Alemania? Tengo entendido que allí, los pacientes pueden optar por ser tratados con medicina natural.

Sí. Y en la China, y en la India, en Suiza, en Austria, en Nicaragua, que es uno de los países más pobres de América. Pueden escoger. Pero en la mayor parte de los países de Europa, España uno de ellos, condenan, critican y sancionan a los médicos que recetan otra cosa que no sea la farmacología química tóxica. Que como he dicho, es la tercera causa de muerte en el mundo. Estamos en un buen problema que solo se soluciona implicándose la propia sociedad, que diga "¡No quiero tanto veneno! Quiero llevarme al hospital, si tengo que ingresar, mis propias medicinas". Si me dicen que no puedo entrar, ¿Cómo que no puedo entrar con mis propias medicinas al hospital? Aprecio vuestra atención, los goteros, los respiradores, lo que queráis. Pero yo me voy a tratar con lo que yo quiero. La libertad personal está recogida en la Constitución española, en la Declaración de Helsinki. Pero te obligan a la monoterapia, y esto es terriblemente tóxico. Por eso están muriendo tantas personas, porque no hay posibilidades de buscar el mejor recurso. Solo hay uno.

ENTREVISTAS DESDE EL CONFINAMIENTO

Hypericum perforatum L

En Alemania me han llegado a preguntar por qué no utilizamos el hipérico en España, para tratar la depresión. Que es la flor de San Juan y es de España. Y me decían "En cambio, utilizáis los medicamentos tóxicos para la depresión, que salen de nuestro país, Alemania. En nuestro país, el 80% de las depresiones son tratadas con una planta que viene de España. Y vosotros no la utilizáis. Qué raro". No es raro. Es que en España hay un sistema de salud totalmente totalitario, que excluye las otras terapias. Entonces la gente tiene que ir a algún (médico) privado, que, como nadie se entera, te va a recetar hipérico, o te va a tratar con homeopatía.

ENTREVISTAS DESDE EL CONFINAMIENTO

Estamos pagando la sanidad pública en España, y no tenemos derecho a ser tratados con lo que deseemos. Es un atentado total a la libertad de elección del médico y del paciente. Porque, al final y al cabo, quien padece de la enfermedad es uno mismo.

Yo tengo derecho a decidir. Si me equivoco, es mi responsabilidad. Y por lo tanto, si entro al hospital, ya firmaré lo que haga falta para decir que "No acepto vuestro tratamiento, quiero el mío y no os voy a pedir ninguna responsabilidad si hay un mal resultado con lo que yo hago. Quiero estar en el hospital para que me controléis, pero la medicina la pongo yo. Y os la ahorro, incluso".

Y ahora, con el coronavirus, nos estamos encontrando con gente que quiere entrar con sus medicinas en los hospitales para curarse, porque cuando estás en apuros es el mejor lugar donde se puede estar. Y se les niega. Estamos haciendo público un documento para que lo entreguen en la entrada, para pedir a la Dirección del hospital que le deje hacer uso del derecho a ser tratado con lo que él quiere, y librarles de la responsabilidad a ellos. Porque, si no se concede el derecho al ciudadano que ingresa en un hospital, a ser tratado con sus propias medicinas si quiere, y pasa algo, que pueda haber una demanda criminal contra el hospital o contra el médico que se ha opuesto a ese tratamiento. ¡Ya está bien! La vida es nuestra, de cada uno. Y tenemos derecho nosotros a elegir el tratamiento.

ENTREVISTAS DESDE EL CONFINAMIENTO

Hay una cosa muy terrible. He leído que usted hablaba de unas ONG que están en África, que intentan cultivar la artemisa, para que solo con 1 céntimo por persona, la gente se cure de la malaria. Y no se les permite cultivarla. Inclusive, contratan sicarios para perseguir a esa gente de las ONG.

Así es. Tengo experiencia de diez años curando de la malaria, gratis, a miles de personas en África, con pequeñas ONG, haciendo grandes ollas de infusiones de artemisa. Hasta que (a los que lo hacen) los llevan presos o los amenazan de muerte, si continúan ayudando a la gente, gratis, con esa planta. La OMS ha prohibido el uso de la artemisa en África. Sabemos de varias muertes, una muy significativa de un médico de el Congo, lo mataron. Otro fue torturado por la propia Policía, y escapó a Francia, donde denunció los hechos, que eran perseguidos por recomendar artemisa, para que sea cultivada por los mismos afectados. Esto significa un coste cero, porque nosotros regalamos las semillas a África. Todas las que quieran.

La *Artemisia annua* es una planta tan agradecida, que hace miles de semillas por planta. Y una planta sirve para toda una familia, porque llega a tener tres metros. Imagínate lo fácil que seria parar la malaria. Ahora, el día 25 de abril, voy a hacer público un vídeo que ha sacado la Cruz Roja Española pidiendo dinero para evitar 3.000 muertes al día, de niños, por malaria. Esto significa más de un millón de niños que mueren al año por malaria, cuando, si la OMS y la Cruz Roja no tuvieran prohibida esa planta, no moriría nadie.

ENTREVISTAS DESDE EL CONFINAMIENTO

Artemisia annua

En cambio, piden dinero. Dinero para qué, para comprar medicamentos que son muy tóxicos y esto hace inviable que África se libere de la malaria. Pues, ¡qué canallas! Sabemos de los sueldos que cobran en la OMS, la Cruz Roja, UNICEF y Médicos sin Fronteras... Los de arriba, no los voluntarios, pobres, que van y que tienen todo mi respeto.

Pero estos zánganos que dirigen estas organizaciones cobran sueldos millonarios de lo que los ciudadanos les pagamos, pensando que van a hacer una buena labor en África. Pero no están haciendo esta labor. Nosotros hemos ofrecido a la Cruz Roja semillas de artemisa para que las regalen. Las han rechazado porque, como decía, la OMS dice que no puede ser.

En cambio, la OMS permite que se cultive la artemisa en África para llevarla a Suiza, para hacer un extracto de esta planta, que lo venden a un precio prohibitivo que no pueden pagar los africanos. Esto es ser asesinos. Asesinos a sueldo de esa industria farmacéutica que se va a ver perjudicada por una planta.

Y bueno. Sé que estas acusaciones son muy fuertes, pero nunca me han acusado por ese tema, por decir falsas acusaciones. Porque tenemos toda la documentación que demuestra que esto es así. Incluso hay muchos estudios que indican que, ese medicamento de Novartis, extraído de la artemisa, sintetizado, ha provocado resistencias. Ya no funciona en muchas partes del mundo. ¿Por qué? Porque todos los medicamentos que se sintetizan acaban provocando resistencias y efectos secundarios.

Los estudios dicen que, para romper estas resistencias provocadas por ese medicamento de Novartis, hay que volver a las infusiones. Que no provocan efectos secundarios y rompen esa resistencia.

Pero, claro, las infusiones no tienen coste. Pero ya se encargan los poderes públicos vendidos, de atemorizarnos aquí, en África y en todas partes. No hay color. Sean comunistas, capitalistas o socialdemócratas. Todos actúan con el mismo patrón de arriba de la pirámide, guiados por una Organización Mundial de la Salud privatizada por la industria farmacéutica.

ENTREVISTAS DESDE EL CONFINAMIENTO

No hay que obedecer a un organismo privado. Porque no es el representante de ningún gobierno.

(Lectura de mensajes en el directo) Aquí nos comentan que le felicitan. Dicen que, si todos fueran así como usted, el mundo sería diferente. Otros dicen, que es un horror que prohíban cultivar plantas. Y le llaman "doctor", es que realmente, lo parece, por todo cuanto está diciendo.

Soy agricultor, pero me he leído cientos de libros de Medicina y de plantas. Quiero decirle a la gente que esté tranquila. Más prohibida que la marihuana, que está criminalizada como droga... Las demás plantas, que también prohíben, no son drogas. Por lo tanto, el cultivo es libre. No seáis tan cómodos. Las plantas las tenéis que cultivar vosotros. Conseguid semillas, plantitas, y espabilad. Tened vuestra propia medicina en casa. Porque no os lo van a prohibir. Lo que van a prohibir es que estén en un herbolario o en una farmacia. Pero lo podéis producir en casa. Pero, somos tan cómodos, que vamos a buscar la pastillita. Pues ya sabéis lo que pasa. Las pastillas no curan, pero la planta que tendréis en casa, sí.

Nosotros damos pequeños tutoriales, con 10 a 12 plantas prácticamente se hace todo. Tienes una pequeña farmacia en casa, que es impresionante. Yo tengo unas 500 plantas en el vivero, pero con 10 de las que creo más potentes, es suficiente. No hace falta volverse loco.

Yo tengo las 500 porque me gusta tenerlas allí, verlas crecer, aunque no se vendan nunca. Me gusta conocer sus propiedades, probarlas, saborearlas, hacer infusiones. Aparte de las plantas clásicas de nuestro país, de clima continental, hemos importado semillas de otras partes y ahora somos especialistas de plantas potentes de todo el mundo, y que se han adaptado a un clima más duro como el nuestro. ¡Imagínate en una zona tropical, donde crece todo! La gente que nos está viendo, de zonas tropicales donde hay más problemas de zika, malarias, chikunguñas, dengue, con cuatro plantas... ¡tenéis la solución!.

En la página web de Dulce Revolución encontraréis testimonios de personas. El dengue, por ejemplo, se controla con hojas de papaya. La artemisa te sube el sistema inmune y ya no tendrás problemas de dengue ni chikunguña. Porque los virus se controlan por tu propio cuerpo, su tu sistema inmune está alto. Una infusión al día de *Artemisia annua* te protege de todo. ¡De todo! Los cooperantes que se van a África o a la India, o a zonas tropicales de América, se llevan esta planta y toman una infusión al día. Y con eso, su sistema inmune está arriba y no pillan nada, ni diarreas, ni parásitos, nada.

Es tan extraordinaria la Naturaleza. Nos lo da todo. Por eso, buscad a las yuyeras y los yuyeros, a los curanderos, que saben mucho. Y utilizad plantas, por favor.

ENTREVISTAS DESDE EL CONFINAMIENTO

La gente que tiene la costumbre tomar una infusión al día, una, en vez de tantos cafés y tantas Coca Colas, están acumulando salud, poco a poco. Un día te haces una de verbena, otro día de otras plantas... Y tu cuerpo va recibiendo información sanadora. Esta costumbre hay que volverla a recuperar. Los árabes tienen la costumbre de hacer muchos tés. El único inconveniente es que ese té, que se hacen de tres o cuatro hierbas, es que le añaden mucha azúcar blanco. Y esto es tóxico. Si a esas hierbas le añadieran la stevia, los árabes serían de las sociedades más sanas. El exceso de azúcar los está matando, con el colesterol y la diabetes, con cánceres. Hay que tener la costumbre de tomar infusiones, pero sin azúcar.

Hay un experto en metabolismo al que sigo siempre, Frank Suárez, puertorriqueño. Él siempre dice que el cuerpo humano es perfecto, pero el error está en el cerebro que lo dirige (o algo así).

Es cierto (sonríe).

(Lectura de mensajes en el directo) La gente pregunta dónde se pueden conseguir las semillas. Dependerá de cada país, claro.

Pinchas en Google "Compro semillas de artemisa", "Compro semillas de stevia". Te saldrá. En ese fantasma que todo lo censura, esto aun no lo ha censurado. En Cataluña, a través de Dulce Revolución, comercializamos prácticamente de coste, infinidad de semillas.

ENTREVISTAS DESDE EL CONFINAMIENTO

Lo que pasa es que, mandarlas a otros países nos es muy difícil. Recomendamos que entre amigos se envíen, a nivel privado, por correo normal. Conseguir semillas es fácil.

(Lectura de mensajes en el directo) Preguntan sobre alguna planta que nos proteja de las radiaciones, en especial del 5G.

Esto ya es más fastidioso. Si fueran radiaciones nucleares, te diría la *Houttuynia cordata*, que es la planta que ha permitido que, aun hoy, haya supervivientes en las ciudades de Hiroshima y Nagasaki, donde lanzaron bombas atómicas. Pero estamos viendo que la *Artemisia annua* lleva oxígeno ala sangre, al igual que el MMS, y los efectos negativos del 5G son amortiguados. Porque el 5G es quitar la oxigenación de tus células. Paraliza eléctricamente nuestro organismo y nos falta oxígeno. Por eso, donde hay 5G es donde hay más muertes por coronavirus, donde hay más ahogos, micro embolias. Lo ideal sería abandonar esa tecnología, por lo tanto, yo recomiendo que tengáis en casa una planta de artemisa y dióxido de cloro.

Antes de entrar en el tema del dióxido de cloro. Usted tiene, en Balaguer, Cataluña, ese vivero con 500 plantas... ¿Cualquiera puede ir a visitarlo para conocerlo? Para comprar plantas, también...

Durante toda la semana se puede visitar el vivero. Los sábados a la mañana, cuando ya no estemos confinados, volveremos a abrir las puertas. Hacemos visitas guiadas explicando sobre unas 40 ó 50 plantas.

Fotografías de Pablo Ledesma Verberkt, para Google Maps. http://aerofilmandorra.com/

Y luego hacemos consultas grupales. Si alguien tiene una pregunta sobre un problema, y resulta que diez más también, una respuesta única sirve para todos. Estamos un terapeuta, que es mi sobrino, otra terapeuta que tenemos contratada, y yo mismo. Respondemos gratuitamente a todos.

La empresa Pàmies Hortícoles se ubica en el término municipal de Balaguer conocido como Partida Primera Marrada, próximo al núcleo urbano. Los campos de cultivo rodean las instalaciones que están situadas en la huerta que queda entre la carretera C-12 y el río Segre, en el sur de la población.

¡Ahora sí! Háblenos, por favor, del dióxido de cloro.

ENTREVISTAS DESDE EL CONFINAMIENTO

Es una substancia que hace 10 años llegó a mis oídos. Jim Humble, un americano que estaba en la Guayana Francesa. Era un buscador de minas de otro y sus trabajadores enfermaron de malaria. Solo tenía el clorito de sodio, que es la base del MMS, para desinfectar el agua. Como no tenía otro remedio, le metió 10-12 gotas en un litro de agua, se lo dio a sus trabajadores. Con la sorpresa de que, al día siguiente, ya no tenían malaria. Así de rápido actúa.

Este hombre investigó diferentes ácidos para activarlo, y llegó a lo que llamamos dióxido de cloro. No es tóxico, sirve para desinfectar agua, para desinfectar la sangre antes de las transfusiones. No ha matado nunca a nadie y es un gran desinfectante interno y externo. En España hay una persecución total. Pero, cuanto más te persiguen, más popular es. Porque, lo que se persigue, llega a ser bueno. Nos están dando una publicidad gratuita al perseguirnos. En estos momentos tan críticos, es lo único que funciona. Y funciona en horas. Ya lo vimos con el **Ébola**.

En tres días estabas curado con ese producto. La malaria, en horas. El coronavirus, que es un bichito insignificante, dura horas con el dióxido de cloro. Personas entubadas, que se ahogan, toman 20 gotitas y en horas, salen de la gravedad. Por suerte, miles de sanitarios, bomberos y policías lo toman. Porque sino, estaría todo el mundo estaría contagiado.

ENTREVISTAS DESDE EL CONFINAMIENTO

Es un producto tan barato. Nosotros hemos comprado tres toneladas para ofrecer gratis a todos los sanitarios, médicos y bomberos que quieran. Y para repartirlo entre socios.

Porque si lo repartimos entre no-socios, se nos cae el pelo. Nos van a meter denuncias. ¿Sabes cuánto vale una tonelada? Diez mil euros. Y, con una tonelada, tienes para tres millones de personas. No toca ni a céntimos por persona.

Dr.Jorge Amado Peralta (Paraguay). 24 de abril de 2020

"La mejor vacuna que existe contra esta enfermedad somos nosotros mismos"

ENTREVISTAS DESDE EL CONFINAMIENTO

Buenos días, allí en Paraguay, doctor. Muchas gracias. ¿Podría decirnos en qué consiste la Medicina Preventiva, Regenerativa y de Revitalización?

Hay un adagio que dice "Más vale prevenir que curar". Generalmente, en las facultades de Medicina se nos enseña a tratar con enfermos. Y en el caso de la Medicina Preventiva, se trata de intentar que la persona no enferme. Porque uno, cuando ya enfermó, la enfermedad le puede causar lesiones. Uno puede curarse, pero puede quedar con secuelas. Aparte, la Medicina es más barata, en el sentido económico, en ahorro de sufrimiento y dolores, no se deja de trabajar y se tiene una vida más plena. Lo ideal es que hagamos una prevención. Además, se dice que es "regenerativa", porque hay personas que ya vienen con lesiones. Lo que hacemos es restaurar, curar su enfermedad, y, finalmente, "revitalizar". Todo eso es posible. Antes eso no se sabía. Pero hoy en día, se sabe que incluso se puede rejuvenecer a las personas.

Unos médicos encontraron que el cromosoma tiene una parte que se llama "telómero", que se va desgastando. Y ahí vamos envejeciendo. Por eso, con la edad, las personas van perdiendo fuerza y vigor. Y todo eso se puede ir previniendo, restaurando y regenerando.

La Medicina Preventiva tiene varias ramas. Una es la Ortomolecular, la otra es la Hiperbárica, y otra muy importante es la Homotoxicología. Lo que más nos enferma son las toxinas que tenemos en nuestro cuerpo. ¿De dónde vienen las toxinas? De todas partes.

ENTREVISTAS DESDE EL CONFINAMIENTO

Primero, el aire que respiramos está muy poluído, muy contaminado. Tiene monóxido de carbono, plomo, azufre (de los motores Diésel).

No hace falta salir de tu casa, eso viene por el aire, el viento, estás respirando eso y se contamina el pulmón, y de ahí, a todo el organismo. El plomo, el mercurio y el arsénico son elementos que no salen de manera natural de nuestro organismo. El plomo produce una enfermedad que se llama saturnismo, y finalmente, va a producir cáncer. Todas esas cosas se pueden prevenir. Nosotros no lo sabíamos, pero en la Antigüedad sí se sabía, que la enfermedad y la salud comienzan en el intestino. El intestino es nuestro segundo cerebro. Tiene más de 100 millones de neuronas. Por eso es que hay personas a quienes, cuando están muy nerviosas, les da vómitos. Cuando se emigra, por ejemplo, y lo he vivido porque yo he migrado a Argentina, viví durante 14 años en Buenos Aires. Al comienzo, nos agarra la etapa, como dicen en Brasil, de "saudade". Eso produce un efecto en el ser humano, hay mujeres incluso a las que les afecta la menstruación, el ritmo evacuatorio, puede llegar inclusive al estreñimiento.

En cuanto a la alimentación, hoy en día las comidas están muy industrializadas. Tienen más o menos 2.000 productos químicos en cada comida. Y lo más terrible es que están llenos de conservantes. Por eso es que usted puede ir al supermercado y comprar para todo el mes. Es cómodo, porque hasta un año puede durar. Pero al comer esas comidas, tardan mucho en digerirse. Permanecen mucho tiempo en el intestino.

Y, como se trata de materia orgánica, las proteínas entran en putrefacción y los carbohidratos en fermentación. El fermento produce dos cosas: alcohol y gases. Esas toxinas van al hígado y producen hígado graso y alteraciones que van a llegar a tener litiasis, que son las piedras, en las vías biliares. Cada día vemos más gente joven que lo tiene. He visto niños de cinco años con piedras en la vesícula y en los riñones.

Todo se puede prevenir. Hay cosas muy elementales, por ejemplo, la gente toma muy poca agua. El 80% de la población vive en un estado de deshidratación relativa. Por eso también se producen las litiasis y los cólicos renales. La gente toma muy poca agua. La vorágine de nuestras tareas diarias no nos permiten beber mucha agua. La gente está con la computadora, en las fábricas, y no puede. Se va postergando, y el organismo se acostumbra a esa deshidratación, y orina menos. Cuando la orina sale más concentrada, más oscura, tiene más toxinas. Nuestro organismo se vuelve más ácido y más propenso a las enfermedades.

El agua es un elemento clave. Más del 70% de nuestro organismo es agua. No hay que beber cualquier agua, sino agua de muy buena calidad.

Siempre he tenido dudas sobre eso. Se dice "El agua de Madrid es buena". Pero, ¿qué significa que un agua sea buena para la salud? Pero el agua que viene por las tuberías tiene cloro...

ENTREVISTAS DESDE EL CONFINAMIENTO

Me gustaría desarrollar en profundidad, en una próxima entrevista, específicamente, el tema del agua. Porque el agua es una cosa increíble, diría que es dios. Nos da la vida. Si usted toma agua de mala calidad, se enferma. Y usted se puede curar solamente con agua también. Tenemos el agua estructurada, el agua desestructurada, la energizada... ¡Tantas cosas de las que podríamos hablar! Yo soy profesor de Biofísica y este tema, para mí, es fundamental.

(Lectura de mensajes en el directo) Aquí preguntan si el agua de las montañas es buena. Aunque, como decíamos, haremos un programa solo sobre eso.

Sí. El agua de la montaña es buena. Hay que tener en cuenta dos cosas. Primero y principal: Si el agua circula por la superficie, hay que ver el agua no vaya contaminándose con las cosas con las que se va mezclando. Pero el agua pura es una maravilla. Por eso, las aguas surgentes, de los manantiales, son buenas. El ciclo del agua es así: El agua de la lluvia cae a la tierra, que hace de filtro. A medida que va hacia la profundidad se va filtrando. Y se convierte en agua pura. Llega a las napas freáticas, y en un momento dado, va a surgir de nuevo. Esa agua es fantástica.

Una vez leí, no recuerdo dónde, que nuestro cuerpo es como una pecera y nuestros órganos, los pececitos. Entonces, si el agua está bien, los órganos lo estarán. Si e agua está sucia, uno se enferma. Y lo que vemos en la Medicina "normal", basado en lo farmacéutico, es que se toma un órgano enfermo, se lo "cura" y se vuelve a meter en esa pecera sucia.

ENTREVISTAS DESDE EL CONFINAMIENTO

Sí. Ya que hablas de esa pecera, en 1906 Alexis Carrel determinó, en una experiencia muy interesante, que la vida puede ser indeterminada, podemos vivir plenamente. Preparó una pecera y metió el corazón de un pollo. El pollo vive un año y medio a dos, máximo, tres años. A ese corazón le fue dando oxígeno y nutrientes. El corazón empezó a latir. Vivó 27 años ese corazón. Carrel mantenía el agua limpia. La cambiaba a diario, le ponía un burbujeo, para que se oxigenara. Podría haber durado más, pero uno de los limpiadoras, sin querer, echó la pecera.

Esa es la base de la Medicina Preventiva. La Homotoxicología consiste en limpiar el medio interno, en eliminar las toxinas. La Oxigenoterapia puede hacerse con la cámara hiperbárica, ozonoterapia, y con el dióxido de cloro. Esa es una terapia oxidante maravillosa.

Me siento orgullosa de escuchar hablar a un médico paraguayo, sobre estos temas. Estas terapias ¿se permiten en todos los países?

Ese es el tema. En Holanda, Alemania, Suiza y otros países, está totalmente oficializado. En otros países no está homologado, pero tampoco está prohibido. Digamos que se tolera. Quiero contar mi experiencia personal con el dióxido de cloro. Dese hace seis años lo vengo consumiendo, sin ninguna toxicidad.

Comencé por un problema de diabetes. Me solucionó totalmente el problema. No baja el azúcar, eso hay que aclarar.

ENTREVISTAS DESDE EL CONFINAMIENTO

Los azúcares son dulces al gusto, pero, químicamente, son ácidos. Por ello, acidifican nuestro medio interno: agua, sangre y tejidos. En un medio ácido, no difunde el oxígeno. Al tener una menor cantidad de oxígeno de la que el cuerpo necesita, comienzan las enfermedades, las lesiones. Por eso, quien padece diabetes, que es una enfermedad metabólica, tiene complicaciones como el quedar ciego, por la retinopatía diabética. Puede desarrollar insuficiencia renal, se le pueden amputar las piernas, y en el corazón puede producir infartos, derrames cerebrales... Hay gente que dice "Se murió por problemas en el corazón". Y, muchas veces, realmente era por la diabetes.

Los diabéticos tienen ese riesgo, en este momento, por el coronavirus. Porque el medio ácido nos baja las defensas. "Dióxido" significa que tiene dos moléculas de oxígeno. Y eso es científico. Hay colegas que hablan en forma peyorativa, diciendo que esto es empírico. No es así. Yo lo puedo decir. Soy biofísico, médico y docente universitario desde hace muchos años. Tengo 42 años de experiencia médica, tengo seis especialidades médicas, y entré en la fase de la investigación hace tiempo. Esto es absolutamente científico.

¿De qué se mueren los pacientes de coronavirus? Hoy se sabe que estaba prohibido hacer autopsias. Pero, tanto en España como en Italia hicieron autopsias. Encontraron que había una coagulación intravascular de la sangre, fundamentalmente en el pulmón. Porque el coronavirus es una enfermedad pulmonar.

Se produce esta coagulación, fundamentalmente en las venas pulmonares. Por eso, el ponerle un respirador y oxígeno, de nada sirve, porque el pulmón está desfuncionalizado. En el pulmón se tiene que producir el intercambio gaseoso. El oxígeno tiene que oxigenar la sangre en el pulmón. Pero este pulmón está desfuncionalizado, por los coágulos, y el paciente muere. Hay que recurrir a las terapias oxidativas.

La cámara hiperbárica, en este caso, no sirve, pero nos quedan otras. Como el dióxido de cloro. Éste tiene varias funciones. Entra en el organismo, libera dos moléculas de oxígeno y se transforma en cloruro de sodio, que es la sal. Por eso no tiene toxicidad. No se acumula en el organismo. También es alcalinizante, y los virus no sobreviven en medios alcalinos. En pocas palabras: oxigena y alcaliniza. Es una terapia de bajo coste. Le voy a decir más. Ustedes están en España. Desde hace más de 20 años, las bolsas que van a recibir la sangre del donante, para transfusiones, tienen el gas del dióxido de cloro. ¿Por qué? Por si el donante tenga sida o alguna enfermedad bacteriana. Esa enfermedad le puede transmitir al receptor. Al ponerle dióxido de cloro, se eliminan esos gérmenes, si alterar los glóbulos rojos.

Sabiendo esto, ¿Siente usted impotencia, al leer las noticias sobre los miles de fallecidos?

Lo siento en carne propia porque, finalmente, todos somos perseguidos. Todas las terapias innovadoras, y que son sencillas y de bajo coste, no son toleradas. Lamentablemente, es así.

ENTREVISTAS DESDE EL CONFINAMIENTO

En Paraguay hay mucho dengue, de forma epidémica. Me da mucha pena que hay gente que muere por eso. Yo, de forma personal y a todos mis familiares y amigos, les hago la terapia oxidativa, sea con dióxido de cloro y tambіén combinándola con la Ozonoterapia. El resultado es fantástico, y no tiene efectos secundarios.

Mucha gente pregunta dónde conseguir el dióxido de cloro.

El dióxido de cloro se obtiene mezclando el clorito de sodio al 28% con un activante. Éste puede ser ácido clorhídrico al 4% ó ácido cítrico al 50%. se deja reaccionar en un vaso, sin agua. Un vaso seco, se ponen las gotitas y se espera un minuto. De color blanco, va a virar a un color ocre. Ahí se ha transformado en dióxido de cloro, ahí se le pone medio vaso de agua, si es posible, fría. Ese gas que se ha formado es muy soluble en agua. Dentro del organismo, máximo dura 45 minutos. Libera las moléculas de oxígeno, y alcaliniza, como habíamos comentado.

No solo actúa de forma bioquímica, sino también biofísica. Todas las cosas están cargadas con polaridad, sea positiva o negativa. Una célula es eléctricamente neutra. El núcleo de la célula es eléctricamwnte positiva. Y la membrana celular y el citoplasma, eléctricamente negativos. Hablemos de la sangre, por ejemplo. Los glóbulos rojos ya no tienen núcleo, pero la parte interna es positiva y la parte interna es negativa. Cuando dos glóbulos rojos se encuentran, se repelen.

ENTREVISTAS DESDE EL CONFINAMIENTO

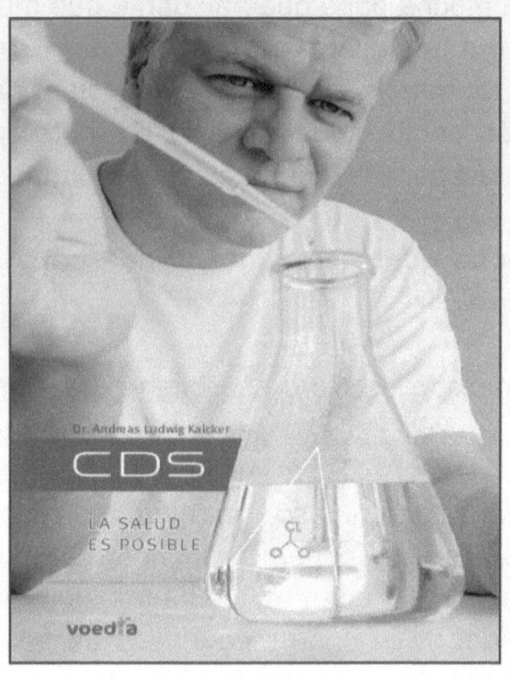

***Extraído del libro "CDS: La salud es posible", de
Andreas Kalcker***

No hay coagulación. El virus es eléctricamente positivo, entonces, produce un cambio de polaridad en las plaquetas y eso produce la coagulación intravascular. Entonces, cuando usted lo alcaliniza, lo oxigena y lo está cargando con carga negativa, no ocurre la coagulación. Por eso es muy importante la utilización del dióxido de cloro, incluso de manera preventiva. Muchas personas pueden estar contaminadas, pero en su fase asintomática. Porque, este virus empieza a dar síntomas a partir de la semana, diez días e incluso 27 días después.

ENTREVISTAS DESDE EL CONFINAMIENTO

Por eso, yo todos los días me oxigeno, me alcalinizo y me cargo "negativamente" (carga negativa) mis glóbulos rojos y mis células. Absolutamente, ese virus no va a poder desarrollarse en un medio alcalino y eléctricamente negativo.

En Paraguay, ¿le dejan trabajar tranquilo?

Estamos en una pandemia. Esto es como si estuviéramos en la guerra, y en la guerra vale todo, excepto, el perder la honestidad y la ética.

Ustedes hacen el Juramento Hipocrático...

No solamente eso, sino que existe el protocolo de Helsinki, que dice que el bien más preciado es la vida. Cuando hay situaciones críticas, usted tiene que utilizar todos los medios que estén a su alcance para salvar la vida. Pero, dentro de la ética y la honestidad. Por ejemplo, una persona que tiene una infección, y su pierna empieza a tener una necrosis.

Le amputamos la pierna, ¿Por qué? Porque sin la pierna, él va a seguir viviendo. Pero si usted toma esto fuera de contexto, dirá: "El médico le cortó la pierna. ¡Qué locura!". Entrando dentro del contexto, para salvarle el bien superior, que es la vida, fue necesario amputarle la pierna. Esta situación (del coronavirus), me da pena, teniendo una solución inmediata y de bajo costo. No se necesita ni siquiera respiradores. Como ya había comentado, la hematosis es el intercambio gaseoso, donde la sangre se oxigena, en el pulmón.

Pero el pulmón está afectado porque hay coágulos allí. Entonces, esa hematosis no se puede realizar así, por más que se le ponga respirador, no hay caso. Hay que hacer terapia oxidativa.

Entiendo que hay protocolos según cada caso del coronavirus: Para prevenirlo, cuando la persona está asintomática, cuando está avanzado, graves, supongo que habrá dosis diferentes.

Es correcto. También hay que tener en cuenta que hay personas con alto riesgo. Por ejemplo, como hemos visto en Italia y España, donde la mayor cantidad de bajas se produjeron en el personal de blanco. ¿Por qué ocurría eso? Porque, al principio, uno se enfrentaba a un enemigo desconocido. Los pacientes llegaban masivamente, y los médicos y enfermeros entraban en un estrés. El estrés te baja las defensas, sin importar la edad. La mejor forma de expandir la enfermedad es el pánico. El 37% del personal que actuó durante las primeras fases, en Italia, fallecieron. Entraron en estrés oxidativo, acidosis del medio, el virus entró con mayor facilidad y les produjo la muerte.

Andreas Kalcker nos decía algo parecido, que el miedo es como la electricidad, y allí vive mejor el virus.

Entramos en la Medicina vibracional. Si usted tiene su televisor y el control, remoto (mando), dispara una frecuencia, un ultrasonido. Esa frecuencia coincide con la de un canal determinado. Cuando usted está en un estado de depresión, fatiga o miedo, le baja la frecuencia. El virus tiene una frecuencia de unos 22 megahertz.

ENTREVISTAS DESDE EL CONFINAMIENTO

Ese virus entra en resonancia con su estado de ánimo, con su vibración.

¿Qué consejos podría dar a la gente para prevenir el virus? ¿Sería, también, elevar nuestra vibración?

Se hizo una experiencia en una universidad en Estados Unidos sobre cómo funciona el estado de ánimo. Hace unas décadas, en un hospital de Harvard, cuando todavía no había terapias para las artritis, y artrosis, que son enfermedades reumáticas. Un médico les mostraba películas, como las de Charles Chaplin y de "El gordo y el flaco". ¡A los pacientes del hospital les producía una risa! ¿Qué notaba el médico? Que si el paciente se reía, ese día no tenía dolores. Porque había levantado su energía, su frecuencia, su estado de ánimo. Nosotros somos seres energéticos, vibracionales.

Más adelante, dentro de la Inmunología, se hizo un experimento con 20 estudiantes universitarios jóvenes, en pleno estado de salud. Les mostraban películas, pero antes, les tomaban una muestra de saliva, de anticuerpos. Cada uno tenía un X nivel de inmunoglobulina, según el estado en el que llegaban. Supongamos que algunos tenían 6, 7, 8... Si la película era una comedia y se reían, salían felices. Les volvían a tomar las muestras, y encontraban que su nivel de inmunoglobulina estaba por encima, estaba alto. Una persona así no se va a enfermar. Esperaron una semana y volvieron a hacer lo mismo, pero al revés. Les mostraron una película muy triste. Les tomaron la muestra y su nivel de anticuerpos estaba muy deprimido. O sea, podían enfermarse de cualquier cosa.

ENTREVISTAS DESDE EL CONFINAMIENTO

Volvieron a hacer lo mismo con películas de terror. El miedo es devastador. Salían estresados, con taquicardia, sudoración, hipertensión. Si usted tiene miedo, les baja las defensas y está más propenso a las enfermedades.

La parte psicológica es fundamental. Por eso, yo digo que este virus es más psicológico, que la enfermedad misma. Si usted mira los noticieros, solo ve cuántos muertos y enfermos hay de coronavirus, es una cosa increíble... la gente entra en pánico.

En pocas palabras, podríamos tener nuestro dióxido de cloro, estar tranquilos, pasear por la Naturaleza...

Le voy a hacer un resumen. Primero y principal, hay que estar tranquilos, sonrientes, y eso debe ser una conducta de vida. Porque su cerebro subconsciente no diferencia lo real de lo imaginario, y ese es el que genera las hormonas del estrés. Si usted está estresado, asustado, deprimido, su cerebro va a empezar a enviar catecolaminas (adrenalina, noraderenalina) y uno entra en taquicardia, sudoración, hipertensión, contracciones musculares. Esto lo hace para que usted prepare su cuerpo, para que ataque, o huya, para defender su vida, como si hubiera aparecido un león. Nuestros problemas no son leones, sino una vida ajetreada, miedo, no poder pagar sus compromisos, no tener tiempo. Por otro lado, tenemos el sistema de bienestar: serotonina, oxitocina, endorfinas en general. Se producen cuando usted está en un estado de alegría, paz, de relajación. Por eso la meditación, el buen ánimo y la buena predisposición son muy positivas para su salud.

ENTREVISTAS DESDE EL CONFINAMIENTO

Va a envejecer menos, va a enfermar menos, va a tener una vida más plena. Yo elijo estar bien. Me levanto, me baño, me peino bien, me pongo perfume, me miro en el espejo y me sonrío. Mi consciente le pasa al subconsciente ese estado, y mi subconsciente dice "Jorge Amado está feliz. Le vamos a producir hormonas de la felicidad". Segrega esas hormonas de la felicidad, y nos sentimos realmente bien. Por eso es una opción nuestra, porque nosotros podemos estimular las hormonas de la felicidad o del sufrimiento y la depresión.

La mejor vacuna que existe contra esta enfermedad somos nosotros mismos. Por cada célula de nuestro cuerpo, tenemos 10 gérmenes. Tenemos más microbios que células (virus, bacterias, parásitos). Millones de años hace que tenemos esa simbiosis. Convivimos con esos gérmenes, en armonía. Y se preguntará, ¿Cómo, si tenemos tantos gérmenes, no nos enfermamos? Porque tenemos un sistema inmunológico, un sistema de defensas. ¿Cuándo nos enfermamos? Cuando nos bajan las defensas. Pongo un ejemplo. Una persona está bien, sale afuera, y le agarra un viento frío, lluvia... Al rato, termina con gripe y resfrío. El virus no vino con el viento, ni el frío. Estaba en tu cuerpo, pero estaba controlado. Cuando bajaron las defensas, eclosionó el virus o la bacteria. Si tenemos un sistema inmunológico fuerte, no nos vamos a enfermar.

Recuerdo una reunión de médicos que tuve hace unos años. Éramos siete en total y uno de ellos estaba engripadísimo. De los seis restantes, dos se contagiaron. Los demás estábamos con buenas defensas.

ENTREVISTAS DESDE EL CONFINAMIENTO

Estábamos expuestos al mismo virus, pero sólo dos desarrollaron la enfermedad. Los inmunodeprimidos. Seguramente, estaban estresados, nerviosos o muy cansados. Estas circunstancias llevan al organismo a la acidez del medio interno y a la hipoxia, es decir, tener menos cantidad de oxígeno de la que nuestro cuerpo necesita.

En síntesis, la clave de todo es:

- Tener un medio interno alcalino y bien oxigenado
- Vibrar alto
- Tomar sol
- Hidratarnos adecuadamente

Guerrero ibérico (España). 29 de abril de 2020

"La gente no sabe el precio tan grande, en privacidad y en salud, que tendrá que pagar por el 5G"

ENTREVISTAS DESDE EL CONFINAMIENTO

Buenos días, para ti, buenas tardes a todos. Eres español y llevas ocho años en México. Eres terapeuta e investigador. ¡Cuéntanos sobre eso!

Buenas tardes. Últimamente, mi formación es en las Cinco Leyes Biológicas o Nueva Medicina Germánica, del Dr. Hamer. Sus descubrimientos siempre han sido ocultados o perseguidos, porque le dan la vuelta a todo lo que entendemos como salud, incluido este virus.

¿Te dedicas a investigar sobre todos estos temas actuales, como los virus, desde hace algunos años?

Sí, desde 2006 sentí un proceso interior muy potente de querer saber, de querer investigar. Como dice Alicia43, me caí a la madriguera del conejo, y aun sigo rodando (ríe). Y esto no acaba, es un viaje sin fin.

Qué te parece si vamos de lleno a lo que está sucediendo ahora. Este virus, ¿Se transmitió de un murciélago o pangolín al ser humano? ¿Se creó en un laboratorio?

Lo primero, yo por mi formación en Medicina Germánica, no le llamo virus. Yo no creo en la existencia de los virus como tal. "Virus" es una entelequia que la Ciencia ha utilizado siempre para justificar todo lo que no sabe explicar. Se ha encontrado algo a lo que se le llama "virus". Hamer dice que son restos de elementos reparativos del cuerpo, y que muchos otros científicos corroboran. Vamos a llamarle "agente", puede ser un agente biológico, creado.

ENTREVISTAS DESDE EL CONFINAMIENTO

Andreas Kalcker dice que es un arma biológica militar, por la forma en la que actúa, de expandirse rápidamente, como para barrer las tropas y dejar espacio libre. En cualquier caso, hay muchísimo de mito en lo que se está contando. No sabemos hasta qué punto es contagioso o no, o si, simplemente, están dispersando este agente. Si tiene que ver con la radiación 5G, es algo de lo cual estoy cada vez más convencido. Porque ahora, que se están practicando las autopsias - por fin, después de tanto tiempo - se está descubriendo que los daños causados son muy parecidos a los que causa una radiación de 40-60 megahertz, el 5G.

Y eso explica también por qué el dióxido de cloro lo cura fácilmente, lo alivia rápidamente. Porque el dióxido de cloro es una molécula de cloro con dos de oxígeno, y tiene la propiedad de atravesar rápidamente el torrente sanguíneo, llegar a la célula, que se está ahogando, atravesar la pared celular y alimentar con oxígeno a la mitocondria. Lo que está sucediendo es que la célula está perdiendo la capacidad de recibir oxígeno, entonces, qué ocurre, que el respirador no sirve de nada. Tú puedes darle un litro de oxígeno a una persona, que, si la sangre no tiene la capacidad de absorberlo, da igual. En cambio, el dióxido de cloro inyecta ese oxígeno directamente en el núcleo de la célula, y la revive.

Esto nos lo decía también el Dr. Peralta. Que los respiradores, en este caso, no sirven. Esto es muy fuerte y delicado de decirlo, de ser así. Pero es peor seguir en la ignorancia... Me pongo en el lugar de un italiano, de un español, que perdió a su padre, a su madre, a su tío...

O pienso en los médicos, desesperados, tratando de salvar vidas con los respiradores... En las noticias veíamos, que tal país iba a comprar X respiradores, etc. ¡¿Para nada?! Es que es demasiado fuerte saber eso.

Es un circo de muchas pistas. Primero, los medios (de comunicación) intoxican. Y ahí entra la Medicina de Hamer. Él descubre que el cuerpo tiene unos programas adaptativos ante los eventos que vivimos. Esos programas, a la hora de reparar el cuerpo del estrés o del impacto vivido, pueden generar lo que llamamos una "enfermedad". Uno de los impactos o *programas* más fuertes es lo que se llama "miedo al territorio". Es decir, miedo en mi casa, miedo en el lugar que yo controlo. Entonces qué pasa, ahora mismo hay millones de personas en sus casas, pasando miedo al virus, a la falta de dinero, a la falta de alimento, miedo por sus hijos... Un montón de miedos.

Los bronquios, ante esta tensión, se dilatan, para permitir que el cuerpo reciba más oxígeno. Este es un programa que tiene, se supone, una activación corta. Pero, si tú dilatas este miedo en días, semanas y meses, estos bronquios se van a seguir dilatando y van a generar hasta neumonías. Hay mucha gente que, sin tener contacto con ningún agente o virus, ya está empezando a desarrollar los síntomas.

ENTREVISTAS DESDE EL CONFINAMIENTO

Esto se nota mucho en la diferencia España - México, o Italia - México. España e Italia son países que no han tenido grandes amenazas a la vida, desde la Segunda Guerra Mundial. Entonces, hay varias generaciones que no han tenido un impacto o un miedo biológico real. De repente llega un virus, que se supone ataca la vida, que puede matarte. Entonces, muchísima gente desarrolla este programa de miedo al territorio, y mucha gente se enferma. Podríamos llamarlos "hipocondríacos", pero, realmente es un programa biológico.

Aquí, en México, el contagio es mucho menor; en Cuba el contagio es mucho menor. En general, en los países pobres, es así. ¿Por qué? Aquí en México ya tenemos esta activación en muchos otros aspectos. Pobreza, narcoterrorismo, dengue... Hay muchas cosas que el mexicano ya tiene integradas. Entonces, este miedo es otro más.

También para los paraguayos. Cuando yo llegué a España, le decía a una amiga, "Vine con el chip del miedo". Tenía mi bolso o cartera siempre pegado a mí, como algo automático. Me acuerdo de salir a algunos lugares, y ver a los españoles dejando sus abrigos por ahí, sin miedo a que le robaran, y yo no podía creer. Y nadie se los robaba. Es verdad lo que dices, en Latinoamérica tenemos ese miedo incorporado, de forma natural. Con esto del coronavirus, le veo a todo el mundo asustado, pero yo no siento miedo. ¿Será por venir de donde vengo?

De hecho, esto se demuestra mucho en lo que ocurrió al acabar la Segunda Guerra Mundial. Cuando ésta estaba en curso, no hubo muchos casos de tuberculosis en Europa. En cambio, al acabar la guerra, se dispararon los casos. El miedo a morir va a los pulmones. Durante esos cinco años, los pulmones de la gente estaban en estrés, "hipertónico". Cuando acaba la guerra, termina ese miedo, y el pulmón empieza a repararse, a cicatrizar todo ese estrés. Qué ocurre, aparece el bacilo de Koch, que se supone que es el causante de la tuberculosis. Pero Hamer detecta la tuberculosis en los pacientes, tres meses antes de apareciera, porque ya aparecía una marca en el cerebro de los pacientes.

¿Cómo puede, el cerebro, saber que va a llegar un patógeno? Es imposible. Lo que Hamer descubre es que el cuerpo genera el patógeno para reparar el tejido. Claro, esto cambia completamente todo lo que sabemos de Medicina y de contagio.

Hay muchos autores que van en contra de la teoría del contagio. Hay un caso, el de unas siamesas, es decir, dos troncos y una sola cintura. Comparten riego sanguíneo, pero tienen dos corazones, dos cabezas, dos cerebros. Uno diría que, cuando se enferma una, se enferma la otra. Pero no ocurre así. Una de ellas se puede resfriar, y la otra, no. Entonces, la teoría del contagio queda en entredicho. Antiguamente, cuando aparecieron los primeros microscopios, y empiezan a ver microorganismos en la sangre, la mayoría de los doctores pensaron que eran elementos reparativos, afines al cuerpo.

ENTREVISTAS DESDE EL CONFINAMIENTO

Ahí es cuando llega Pasteur y sale la teoría del patógeno, del elemento "maligno" en la sangre y se desarrolla toda una nueva medicina, porque hay que producir antibióticos, etc. Yo sé que es muy arriesgado lo que digo.

Sí... Ahora mismo, mi cabeza está como la de Homero Simpson, con el mono golpeando los platillos. A ver si entendí bien. En este caso, en concreto, ¿puede haber gente que se esté enfermando, sin siquiera haber estado en contacto con el virus?

Sin duda. Muchísima gente. Tú piensa en un país como México, con 120 millones de personas. Supongamos que hay 20 millones de ancianos. Con que un 0,1 active ese programa biológico, tendrán los síntomas 20.000 de ellos.

Pero, si van al hospital, se supone que le hacen un estudio.

El problema es que no hay un estudio para ese virus. Yo voy con una gripe normal, o un catarro, y me va a dar positivo.

¿Y los test?

Son test estándar PCR. Dan positivo con 20 cosas. Si vas con una bronquitis, o con una neumonía, te va a dar positivo el Covid19. ¿Por qué? Porque van a detectar carga viral. Es como el virus del VIH, en el que yo no creo. Nunca ha sido totalmente demostrado (que existe). Los test de Elisa son tests que captan carga viral. Si tú vas con un resfriado fuerte, te dará positivo el VIH.

ENTREVISTAS DESDE EL CONFINAMIENTO

¿Qué fiabilidad hay?

De hecho, Luis Carlos Campos escribió un libro sobre eso, "La macroestafa del sida". Es muy interesante, le estas dando la vuelta a todo lo que habíamos escuchado sobre el virus. Para empezar, dijiste que el virus como tal no es lo que se dice, sino que es un agente. Luego, que el ser humano, según viva con más o menos miedo, desarrolla programas para enfermarse, y que en América Latina estamos acostumbrados al miedo y por eso no hay tantos casos. Pero, ¿Cómo explicarías el alto número de fallecidos en Ecuador?

Hay que recordar que Guayaquil es ciudad pionera en 5G. La gente dice "Es que aquí no hay 5G, cómo pueden contagiarse". Pero, ¿Cómo sabes que no hay 5G? Que no te lo digan no quiere decir que no lo haya. Otra cosa, el 5G es portátil. De hecho, se originó como arma de dispersión de manifestaciones. Llegaba un camión con un cañón arriba, emitía una microonda 5G, que calentaba un filamento que está dentro de los poros de la piel, y tú sentías todo tu cuerpo arder. Y salías corriendo. ¿Cómo sabemos si, tal vez, estén irradiando desde otros lugares? Incluso, desde el Espacio. No se sabe.

En algunos vídeos vi que es como si estuviéramos dentro de un microondas, tú fueras un papel de aluminio, o metálico.

Así es. Antes de entrar más en esta parte, quisiera decir a los oyentes que se hagan unas preguntas. Primero. Si no hay un test de Covid19, ¿Cómo sabemos que tienes Covid19? Segundo. Que contemplen las estadísticas de otras enfermedades, que, de repente, están bajando. ¿Por qué? Porque se está hinchando (inflando) todo lo que es Covid19. Aunque se haga el jueguito de que quieren ocultar, lo que quieren es inflar, para crear más alarma, para justificar más restricciones, más encierros y menos derechos.

Yo recomiendo dos cosas. Primero, que busquen un juego de cartas de 1992, que se llama "Iluminati", las cartas INWO, de Steve Jackson. Ahí viene todo. Una de las cartas se llama "Pandemia". Es la hoja de ruta de todos estos cabalistas. Si tú quieres saber lo que van a hacer, o lo que han hecho, ahí viene todo.

La segunda cosa que quiero recomendar es que vean un documental de 2012, que se llama "Jaque mate a la Humanidad". Es un vídeo corto. Desde el minuto tres ya te habla de la pandemia:

(Exactamente a partir del minuto 4.30):

https://www.youtube.com/watch?v=0iQ1yoVdH0s

https://www.youtube.com/watch?v=bIPt1zzViJM

Ahí se explica que la pandemia se generaría para eliminar el dinero físico, para eliminar a los disidentes, para eliminar derechos.

ENTREVISTAS DESDE EL CONFINAMIENTO

En definitiva, para encarrilar el Nuevo Orden Mundial. Por desgracia, es el propio ciudadano quien terminará exigiendo que exista este Nuevo Orden Mundial. Como no se puede implantar a la fuerza, van a crear las condiciones para que la gente lo reclame.

Pasemos más en detalle al 5G...

El 5G viene de la quinta generación, se supone, de la telefonía, pero es curioso porque el 5 son las cinco puntos de la estrella satánica, el pentagrama invertido. Y la "G" es del escudo masónico, que el compás lleva dentro. Como acabo de decir, es una altísima frecuencia que puede desde, transmitir datos hasta escanear el espacio y detectar cualquier cosa. Con el 5G tú ya no estás segura de que no te vean, en tu casa. Porque es como un wifi potenciado que hace barridos y atraviesa muros. Ellos pueden saber si tú estás sentado, como yo, si estás caminando por la casa, o estás cocinando. Con el 5G lo pueden ver todo. Segundo, dependiendo en qué rango actúe, puede ser muy perjudicial para la salud, tanto como para acabar contigo rápidamente. Aquí tenemos oleadas de pájaros muriendo.

Donde vean que están talando árboles, es que están implantando el 5G, ya que el árbol lo apantalla, lo detiene. El 5G es una microonda, es decir, más pequeña que el cuerpo, no así e 4G y 3G, que son ondas mayores y no atraviesan el cuerpo.

ENTREVISTAS DESDE EL CONFINAMIENTO

Se necesitan muchas antenas repetidoras para cubrir con 5G

Son ondas de mucho alcance, pero que transmiten menos información. Entonces el 5G es: mucha información, pero poco alcance.

Es decir, requiere de grandes antenas y una multitud de pequeñas antenas repetidoras. Que pueden estar en una farola, en una papelera, en una alcantarilla o en tu propio router. De hecho, creo que en España, el propio repetidor es el router. Todo lo que conocemos hasta ahora para la protección electromagnética, como las orgonitas, no sabemos si son efectivas, con esto, porque estamos multiplicando por 100 la frecuencia que estamos recibiendo.

¿Qué va a pasar con las personas inmunodeprimidas? ¿Qué va a pasar con los ancianos? ¿Qué va a pasar con los bebés? El Síndrome de Muerte Súbita infantil se va a disparar. Los problemas neuronales se van a disparar. Entonces ¿Cómo hacer?

ENTREVISTAS DESDE EL CONFINAMIENTO

Pues, simplemente, informar a la gente de que esto puede llegar a ser muy peligroso. Hace unos diez años vi un vídeo que hablaba de esto, y me pareció ciencia ficción. El vídeo habla de que la telefonía sería el arma definitiva, el arma de eugenesia de los cabalistas de la élite. Y realmente, ya lo están consiguiendo.

Hace unos cinco años, salió una tecnología llamada "Lifi"48, que es internet por luz. Un emisor emitía impulsos de luz, el emisor los recibía. El impulso era un 0 y un 1. Tenía una velocidad asombrosa y era totalmente inocua. Lo tuvieron vetado.

Seguramente, no interesa... Me recuerda al inventor del motor de coche a agua, que murió (¿asesinado?).

Exacto, no interesa.

Intentaré calmarme, la verdad es que... Yo tenía alguna idea sobre el 5G, pero no sabía que era tan grave todo. Decías antes que es tan fuerte, que no se sabe bien cómo podemos protegernos.

Lo que sí se puede hacer es tener una dosis de mantenimiento de dióxido de cloro. Porque las células, ante las radiaciones del 5G, van a dejar de percibir oxígeno. Por lo menos, el dióxido de cloro va a acarrear oxígeno a esas células. Preventivamente, con una dosis diaria de unas tres gotas, tres veces al día, el cuerpo va a estar más oxigenado. Pero claro, ¿Cuánta gente sabe del dióxido de cloro? ¿Cuánta gente lo tiene?

Muy poca. Yo llevo con él 12 años y he visto maravillas. Más que por el efecto anti patógeno que tiene, es por el efecto revitalizador y electrificador de la mitocondria. El dióxido de cloro oxigena el cuerpo, lo purifica y le da electricidad. Y volviendo a las orgonitas, no sabemos si tiene suficiente fuerza purificadora como para detener esta microonda tan potente. Ni siquiera los medidores de radiofrecuencia llegan a los rangos del 5G.

No sabemos ni siquiera cuánto nos van a irradiar. Estamos ante una incertidumbre. El problema será cuando ya esté instalado y quieran ejercer el control sobre las personas. Porque el 5G puede alterar tus ondas cerebrales. Puede inducirte a una hipnosis, a una depresión. Tengo una teoría personal. Y es que, como el siguiente show van a ser unas proyecciones en el aire – va a aparecer Buda, Jesucristo, aliens – con el 5G van a crear esa hipnosis para que tengas la predisposición de creerlo.

Ojalá aparecieran, pero de verdad. Entonces, dices que será una farsa para jugar con los sentimientos de la gente...

Ellos van a jugar a crear una única religión. Para ello, van a crear estas visiones, en lugares determinados, de diversos dioses o líderes. Y también para jugar a la carta de la invasión alienígena. También nos han preparado a través del cine, muchas veces. Una cosa muy importante. Todo lo que van a hacer, lo cuentan antes, en las películas. Ellos tienen la obligación cósmica de contarte la verdad. No te pueden mentir. Te cuentan la verdad donde no esperas verla: En las películas.

Pero se supone que son seres malignos. ¿Por qué tendrían que contarnos?

Porque ellos están sujetos a las leyes cósmicas. De hecho, ellas las conocen mucho mejor que nosotros. Ellos son cabalistas y tienen acceso a información a la que nosotros no tenemos acceso. Ellos también tienen que evitar sus karmas. Tienen que buscar subterfugios para que nuestro libre albedrío no sea del todo limitado, por así decirlo. Así, nadie puede decir que le engañaron. "Allí estaba la información. Si no quisiste verla, es tu problema".

Hay gente que ahora está realizando manifestaciones virtuales contra el 5G. ¿Nos recomiendas que sigamos ese camino? ¿A quién hay que presionar?

Hay que presionar, hay que buscar los estudios científicos de otras tecnologías menores. Hay una página web donde se habla de todos los perjuicios que causa la contaminación electromagnética a la salud:

https://bioinitiative.org/

Lo que hay que hacer es informar. Porque, recuerden, siempre el poder está en la gente. Pero si la gente está ignorante, si le han vendido que se va a bajar una película en cinco segundos, que todo va a estar conectado y que todo va a ser maravilloso, la gente va a querer eso. Pero no saben el precio tan grande, en privacidad y en salud, que van a pagar por el 5G.

Silvana Silveri (Argentina). 1 de mayo de 2020

"Vivimos en un juego. Y, si el contrincante está apretando tanto, es porque estamos despertando"

ENTREVISTAS DESDE EL CONFINAMIENTO

Es un honor tenerte aquí, ¡Buenos días, en Buenos Aires! Contános un poco de tu trayectoria.

Soy una mujer que ha estado en el ámbito del desarrollo humano, porque, desde la Psicología y desde el arte, porque soy actriz, maestra de actores y directora. Entonces, he hecho todo el camino del arte en cuanto al teatro. Me encantaba, y no sabía por qué. Cuando llego al camino de la consciencia, me di cuenta por qué amaba el teatro. Porque es terapéutico, aunque no lo uses como una terapia. Fue un largo recorrido, y todo sirvió. Como siempre, todo lo que hacemos, sirve. Todo. Aunque la mente te diga "Uy, para qué hiciste eso". Todo fue el derrotero para llegar a algún lugar. No es que haya un lugar a donde llegar, pero sí te vas despertando y dándote cuenta de para qué sucedió cada cosa, todo lo que aprendí con esto, y cómo eso me ayudó para el próximo camino, la próxima etapa. Y así sucesivamente. El programa de radio llega, hace ocho años, porque ya estaba bien metida en el camino de la consciencia. Lo propuse a la radio y me dijeron que sí.

Le puse a programa el nombre "Ser o parecer", parafraseando a Hamlet, de Shakespeare: "*Ser o no ser, esa es la cuestión*". Así empieza el monólogo. Yo le quise poner así, porque, o sos, o parecés. No hay otra. O sos lo que *realmente* sos, o parecés. En el programa se habla del desarrollo de la consciencia, de quiénes somos, de qué nos pasa. Esas grandes preguntas que alguna vez nos vamos a tener que hacer.

ENTREVISTAS DESDE EL CONFINAMIENTO

Asumimos ciertos roles, personajes para el día a día. A veces, son necesarios para convivir en sociedad. Pero otras veces, por no querer ser nosotros mismos, por no escuchar a nuestra alma, a nuestro Yo superior, asumimos ese personaje, ¿no?

Claro. Fuimos formateados así: "No digas. No hables. No te muestres. Adaptate. Hacé la consciencia de manada". Toda esa programación la tenés en el subconsciente, y ni te das cuenta de que estás haciendo un personaje. Hasta te creés, y defendés, que vos sos así. Y no es verdad. Vos sos mucho más que esas máscaras que uno se pone para poder adaptarse al medio.

¿Podrías recordarnos la diferencia entre el ego (al que llamas "el gordo") y nuestro *Yo Superior*? Es un punto que siempre tocás en tu programa.

(Se ríe) Le llamo "el gordo" pero no como un ninguneo. A ver si lo puedo decir fácil, "de alpargata flecuda". El *Yo Superior* es lo que nosotros somos de verdad: un alma - que es individual, y a la vez, universal -, una mente superior y el espíritu. El *Yo inferior* está hecho de: cuerpo físico, cuerpo etérico, cuerpo emocional y mental inferior. A ese avatar que elegimos cada vez que venimos al Planeta, en cada reencarnación, a ese lo dirige un ego. Que es quien guarda y cuida todas las creencias que nos han grabado, y la personalidad. Le llamo "el gordo" porque me lo imagino grandote, sentado acá (señala la cabeza), dirigiendo lo que hay que hacer para que no te vayas de cuadro, como se dice en el cine.

ENTREVISTAS DESDE EL CONFINAMIENTO

"Quedáte ahí. A lo sumo, andá un poquito para allá, un poquito para acá, pero no te muevas de ahí. Porque yo te tengo que cuidar la supervivencia". Pero se excede de una manera espectacular. Por eso ese Yo pequeño es el planetario, para vivir acá, pero nos olvidamos que tenemos un *Yo superior*, que esa es la única y pura verdad.

¡Vamos a razonar un poco! Me encanta hacerme la maestra (sonríe). Cuando uno fallece, cuando uno parte, el cuerpo queda acá. Las emociones se van diluyendo. Los pensamientos de acá también se retiran. Pero nosotros, como alma y espíritu, seguimos el viaje. Con lo cual, es obvio que no es verdad lo de abajo. Lo de abajo es un instrumento, maravilloso, porque gracias a eso podemos estar acá, hablando. Porque tenemos una mente. Pero no quiere decir que seamos verdaderamente eso.

Recuerdo que el primer programa tuyo que escuché, hablabas del doble cuántico. Te hice caso, esa noche le hablé a mi doble cuántico y mi vida dio un giro. Contános un poco sobre eso, para quienes no han oído hablar de eso.

El doble cuántico es el *Yo superior*, de que hablábamos recién. Uno le pide, en sueños, a ese *Yo superior,* que elimine los pensamientos o patrones que están en tu contra. Y que te traiga la mejor solución para vos. Cuando uno se acuesta, se queda un ratito, y cuando está por dormir, se encomienda y pide eso. Que se eliminen las memorias, lo que tenés grabado, desde el clan familiar, la sociedad, los amigos, la escuela, etc...

Todos esos patrones son muy antiguos, "vintage" como suelo decir. Ya es muy viejo, eso perteneció a la Era de Piscis, donde todo tenía que ser un sacrificio enorme. Para poder tener un buen trabajo, para poder ser vos misma, para poder disfrutar, era... ¡Remar en dulce de leche! A todo eso, le damos las gracias porque también fue necesario. Pero eso te impedía cumplir con tus sueños. "Pero seguro que alguien más es mejor que yo", "Pero seguro que el dinero, si no trabajo 72 horas por día, no lo voy a tener"... Todos esos mandatos, creencias y pautas, operan y no te dejan avanzar. Pero no sos vos. Tenés un programa que actúa a través tuyo.

Silvana, con todo esto que está ocurriendo. Creo que hay dos aspectos. El cómo lo estamos encerrados en nuestras casas (solos, en pareja, familia, otras personas) y seguro que habrán salido un montón de conflictos no resueltos. Y al mismo tiempo, lo que nos rodea. Estamos en la Matrix. Por favor, danos algo de luz en estos momentos.

Estamos en un juego. Primero y principal, mi corazón y mi compasión a los familiares de la gente que ha partido por esto o por otras causas. Compasión a la familia, porque el que parte, la pasa bomba. Pero, bueno, este es otro tema. Si yo me baso en que este mundo es un holograma creado por la gran Fuente Universal... - porque, los mayas decían que esto es ilusión -. Acá estamos en un juego. Hay gente que quiere despertar y darse cuenta de la verdad, y hay otros que juegan con malas artes.

ENTREVISTAS DESDE EL CONFINAMIENTO

Es como cuando jugás al fútbol, o al tenis, o a los videojuegos. Estás vos y el contrincante, el contrincante o vos. Y vos también sos el contrincante del otro. En este juego planetario, uno baja a este plano con la inconsciencia, para despertarse. Los que estamos alineados a la Fuente, a la Verdad, queremos despertar. Y el juego del otro es que no despiertes, sino, termina el juego. Pero no hablemos de "ganar" o "perder", ni de "buenos" ni "malos". Vamos a tratar de salir de eso, porque sino, volvemos a estar en el enganche de la bronca52, del odio. Acá se trata de salir de la emocionalidad, y decir "Mirá estos, cómo juegan". Aunque sea con todas las malas artes, no con códigos.

"Ni un pelo de la cabeza se cae sin que la Fuente lo sepa". Esto lo dijo Jesucristo (refiriéndose al "Padre"). Esto que está sucediendo, no es que no se sabe, solo es un *apretoncito*, para que nos despertemos, para que nos demos cuenta de cómo estamos viviendo, para darnos cuenta de qué estamos presos, a qué paradigmas estamos siguiendo. Si todavía me creo una pobre, o un pobre tontín que todavía no logra lo que logra el que está enfrente. Todo esto es para despertar. Tiene un sentido profundo. El contrincante va a hacer de todo para que no te despiertes.

Yo creo que el juego se está volviendo más intenso.

¿Por qué será? Cuando el contrincante tiene que reforzar sus estrategia, es una buena señal, quiere decir que nosotros nos estamos despertando. Sucede que, al mirarlo así, cualquiera me diría que estoy chiflada.

Pero, realmente, si el contrincante tiene que apretar tanto, es porque nosotros estamos despertando. Y me encanta mirarme así.

Sí, pero al mismo tiempo, tampoco es una estrategia muy inteligente, porque si nos aprietan mucho la tuerca, despertaremos más.

Justamente. Por eso. Para nosotros, esta cuarentena "obligatoria" es para despertar. No tenemos con qué distraernos. No vas a trabajar, no estás como loco corriendo tratando de ganar dinero. Estás adentro (de la casa). A ver qué hacés. A ver si te mirás, si ves qué valores te rigen en la vida. Ver cómo te estás portando, porque esto de convivir no es chiste. ¿Tengo tolerancia? ¿Tengo aceptación para con el otro? El otro, ¿tiene aceptación conmigo? ¿Puedo fluir pacíficamente, o me salen todos los demonios? Que, también está bien. Porque si no, no te ves en tus demonios. Creés que sos buenísima y no te pasa nada, pero ahí te ves. Y esa es una oportunidad para conocerte, para saber lo que tenés como luz y como sombra. Pero no "sombra" como algo malo. Sino como algo que no has visto nunca. Ya lo decía Jung. Te podés ver ahí y podés cambiar, y preguntarte, "¿Qué valoro ahora, en este encierro? ¿Qué cosas extraño? ¿Qué me parece importante?".

Y cuando empezás a mirar, te das cuenta de que vida querés. Sino, seguís la vida de los que te dicen que tenés que ir para allá (señala hacia una dirección). Y resulta que vos, toda tu vida, quisiste irte para acá (señala la dirección contraria). Seguiste a la manada.

ENTREVISTAS DESDE EL CONFINAMIENTO

Me encanta lo que siempre decís, que de vez en cuando tenemos que tomarnos un café con nosotros mismos.

¡Lo dije, te acordás! ¿Por qué no salís? Un viernes, un lunes, un sábado. A comer sola. O a tomarte un cafecito con vos.

Para mí lo normal es hacerlo (risas), pero a mucha gente le da miedo.

Hay un prejuicio hacia las mujeres, si están solas. O se piensa mal de ellas o se considera que es una piltrafa humana. El viejo paradigma.

Pero, sobre todo, el miedo a estar solo con uno mismo.

Justamente. Lo anterior que decía es sobre cómo se te ve desde afuera. Ahora vayamos a cómo te ves vos. Shakespeare decía: "El hombre tiene miedo a su íntima nadedad". Este encierro favoreció eso, a quien se avivó. Quien no se avivó... No importa, nadie juzga. Cada uno está en su estado. No se puede despertar a alguien que está profundamente dormido. ¡Porque le agarra una ira tremenda! No podemos ir a tratar de despertar a alguien porque se nos ocurra. A los gritos, diciéndole "¡Despertáte!". No. En cambio, a quien sí está por despertar, despacito le hablas, y se despierta. Pero el que no está listo sigue durmiendo, como un zapato.

ENTREVISTAS DESDE EL CONFINAMIENTO

El que está durmiendo profundamente, si le despertás a gritos, se va a enfadar.

Claro. Una vez dije en el programa, que vos no podés apagar tu luz. Encendé tu luz. Siempre, encendida. Tendrás algunos a un costado que te dirán "¡Qué suerte que encendiste la luz, así puedo ver!" Y tendrás a otro, desde el otro lado, que te dirá "¡Apagá esa luz, que quiero dormir"! ¿Y? ¿Apago mi luz para que duerma el otro? No. Mi luz la tengo encendida. Así como, si un hermano tiene la luz encendida, me ilumina y yo me vuelvo a despertar. Es maravilloso. Pero, obligar a alguien a que se despierte, a baldazos de agua helada, no sirve. Porque le agarra un ataque de locura

Yo recuerdo unos años atrás, en mi búsqueda eterna sintiéndome siempre la rara, veía vídeos que ya avisaban más o menos lo que está pasando ahora. Los compartía con algunas personas, pero pasaban olímpicamente. Nunca me enojé, sólo me reía de mí misma porque nadie me contestaba. Pero veo que, a quienes antes los llamaban "frikis", "freaks" o raros, tenían un sustento en sus palabras, y se está comprobando que tenían razón. Pero hay gente que seguirá sin verlo.

Es tan maravilloso esto que estás contando. Bert Hellinger, el creador de las constelaciones familiares, habla de que en los clanes familiares siempre hay una *oveja negra*. Él dice que esa oveja negra es la que viene a romper todos, o al menos, bastantes, paradigmas, creencias y mandatos. ¿Qué tal?

ENTREVISTAS DESDE EL CONFINAMIENTO

Espectacular.

Yo también me he sentido la oveja negra - "negra" por distinta, no estamos haciendo alusión a colores -. En general, todas las ovejitas son blancas. Y de pronto, aparece una negrita, la miran y dicen "¿Y esta, qué hace acá?" Esta es la que viene a hacerte pensar diferente. Te rompe las estructuras. Capaz que al principio te quieren sacar del rebaño. No importa. Si esa es tu función y tu tarea, ¡Hacéla con alegría! Y aguantáte los trapos (se ríe). **La gente comenta que está encantada contigo y con la entrevista.**

Cuando la gente se junta para hablar de estos temas, es porque está despertando. Lo dije ayer en el programa. Si no, no estaríamos acá. Supongamos que alguien entra (al directo) y escucha alguna de las cosas que hemos comentado, y piensa "Uyyy, estos locos", y se va. Pero si estamos acá compartiendo esta temática, esta charla, esta celebración... A mí me encanta llamarlo "celebración". Cada taller, encuentro, cada programa de radio, en este momento, lo es. Si estamos acá compartiendo es porque estamos despertando, punto final.

Aquí comentan algunos que son las ovejas negras de sus familias.

Pero acuérdense a lo que vinieron. A mí me pasó. Al principio, ser la oveja negra me hizo dudar de mí y pensaba, ¿Por qué yo pienso tan diferente a esta gente? (mi clan).

ENTREVISTAS DESDE EL CONFINAMIENTO

Al principio fue duro, para mi niña interior. Con lo cual, me lo miré, me lo amé, me lo abracé, abracé a esta niña (toma un portarretratos, con una foto de cuando era niña). Les voy a compartir, la tengo en mi escritorio. ¿Saben qué? Les recomiendo, se buscan una fotito de ustedes, que les encante. Que les dé ganas de comerse los cachetes. Le compran o le hacen un lindo portarretratos y lo ponen donde ustedes más tiempo estén. Y ahí hay que verla.

Cualquiera diría "Ay Silvana, estás loca, hablás con una foto". No. Estás haciendo psicomagia. Al mirar a la foto, te ayudás a hablar con vos. Cuando admirás la foto y decís "Te quiero, te amo, disculpáme por haberte tenido arrumbada durante no sé cuántos años. ¿Y qué sentís? ¿Tenés celos? ¡Y claro! Pero, yo no soy eso. Yo _soy_". Esto es maravilloso. Esto es la declaración. Cada vez que uno se ve en algún costado, medio oscurito, lo acepta, lo reconoce, y dice: "Yo no soy eso. Yo soy. Yo estoy alineada". ¿Se entiende? Tengan esa foto, que los reconecta. Si la decís que la amás, la autoestima sube. Porque, todo el mundo puede venir a decirte lo divina que sos, y vos estar hecha un trapo. La única voz que reconoce tu niña es la tuya.

Es cierto... No me acordaba de eso. Las voces de alrededor no le sirven al niño, o a la niña interior.

No. Y el tema es que hay que dejarlo hablar a ese niño o niña. Por ejemplo, te vino un ataque de bronca, o de envidia. Preguntále a tu niña o niño: "¿Qué pasa? ¿Por qué te agarró esto?".

ENTREVISTAS DESDE EL CONFINAMIENTO

¡Y dejálo hablar! Porque a nosotros no nos han dejado hablar. (Nos decían) "¡No digas eso, eso está mal!", "¡Calláte!". Ahora, vamos a darlo vuelta, en esta nueva consciencia que es a donde estamos yendo. Tenés que usar la infinita compasión y entender que le pasa esto, siente aquello porque lo viene sintiendo. Como decíamos antes, tenés que decirle "Te entiendo. Pero yo no soy eso. Yo *soy*". Y la niña lo entiende. Este es el gran romance. Esto es unirte, unir tus partes.

¿Qué te parece si, en estos últimos cinco minutos, nos hablás de dos grandes películas: "Matrix" y "The Truman show"?

Vos sabés que el cine, desde hace tiempo, ya viene contando cómo son las cosas. O cómo podrían ser. "Matrix" te dice: "Vos tenés una mente baja, con muchos programitas, a los que seguís. Pero tenés otro, un programa maravilloso, que es tu alma, que pertenece a la consciencia divina".

Neo era un buscador. Ya sentía que la vida, como la estaba viviendo, era un tremendo aburrimiento insoportable. Fijáte cómo en la película, maravillosamente, lo conecta por la computadora y Morfeo le dice que un conejo le va a venir a buscar. El rol de Morfeo hace de espíritu, de alma. Neo abre la puerta y ve a una chica que tenía el tatuaje de un conejo.

La película te habla de señales. A partir de ahí, él lo desprograman y vuelve a ser un original, conectado a la fuente. Morfeo le dice que la única verdad es que está preso. ¡Es maravilloso! Morfeo le puso las dos pastillas, como símbolo. Y Neo eligió. Vos elegís cómo vivir

"The Truman show", un poco la misma historia. Un chico criado dentro de un reality show. Él cree que todo es verdad. Pero todo era publicidad, show, y el pueblo era un montaje. Hasta que empezó a ver que algo no funcionaba. ¡Ahí tenemos a un casi-listo! Cuando empezás a pensar, de esto tan lindo, hay algo que no me cierra...

Y él empieza a buscar. El contricante era el productor del reality. Hasta que Truman atraviesa el peor miedo. Como, supuestamente, el padre había muerto ahogado, él tenía un miedo tremendo al agua. Por eso, el contrincante confiaba en que, ni bien Truman se subiese a un barquito, para ver a dónde va, volvería.

ENTREVISTAS DESDE EL CONFINAMIENTO

Pero él hace una actitud de enfrentar a ese miedo, se agarra del mástil, y atraviesa su mayor miedo. Y lo supera. Es un símbolo genial. Para eso, tenemos que saber cuál es nuestro mayor miedo, ¡para eso la cuarentena! Y pararte ahí, y ser un valiente.

Somos enormes. Dejémonos de sentirnos unos pobres estúpidos. Si pudiéramos mirarnos con este ojo (señala la frente, el *tercer ojo*)... ¡Somos inmensos! La idea es saber, darte cuenta, discernir, mirar. Te vas adentro, te mirás los miedos, hablás con tu niña interior y te vas liberando de patrones, que ya están obsoletos.

ENTREVISTAS DESDE EL CONFINAMIENTO

Juan Pablo Vega (Argentina). 5 y 6 de mayo de 2020
"Los presos no son nada para el Estado. Son un número más para ellos y para sus bolsillos"

Juan Pablo Vega (Argentina). 5 y 6 de mayo de 2020

"Los presos no son nada para el Estado. Son un número más para ellos y para sus bolsillos"

ENTREVISTAS DESDE EL CONFINAMIENTO

Buenos días, en Argentina. Juan Pablo, gracias por estar con nosotros. Tengo entendido que estuviste preso durante 20 años, en tu país. Creaste un canal de YouTube llamado "Pablo a la mazmorra".

Buenos días, así es. Mi canal se llama así, Pablo, porque es mi nombre, y las mazmorras eran las antiguas cárceles subterráneas. Hoy por hoy, "mazmorra" se le llama a los calabozos y a las celdas de los castigados en Argentina.

Lo que entiendo es que querés precisamente es llegar a la gente, para concientizar a las personas para que intenten no caer en la delincuencia... Sé que es difícil, por la situación social. Y utilizás mucho el sentido del humor...

Sí. Yo tenía dos opciones. Ser uno más del montón, o transmitirle a la gente un mensaje positivo, decirles lo que no tienen que hacer, para no caer en lo mismo que caí yo. Aconsejarlos para que no consuman drogas, alcohol. Quería llegar a gente sana, y por sobre todas las cosas, a gente que tiene prejuicios sobre lo que son las cárceles. Creé un personaje, que es muy parecido a Juan Pablo Vega, pero que habla mejor, que se puede hacer entender y demostrar que puede haber un cambio en una persona que estuvo tanto tiempo privada de libertad. No solo en su forma de hablar, de expresarse, sino en todo sentido. Y tenía que hacerlo desde el humor. Más allá de que uno se tiene que poner serio en determinados temas, yo creo que con un humor sano... Que también me costó inventarlo. Porque estaba acostumbrado a un humor callejero, de adentro de la cárcel, que es totalmente contrario al que hoy por hoy se ve en mi canal.

Contás que empezaste a robar, pero no por necesidad, y que estabas muy arrepentido, sobre todo por lo que hiciste sufrir a tu familia. ¿Podrías contarnos un poco más sobre esa historia?

Totalmente. Para que haya un cambio tiene que haber un arrepentimiento. Un sentimiento de culpa, que te oprima y te haga ver que todo lo que llevaste en esta vida fue negativo y dañino. Ya sea a las personas a las que les robé o a quienes hice daño, a mi familia, a la gente que defraudé... Cuando vos sentís todo ese dolor que causaste a los demás, es cuando caés, y se te cae la ficha de las cosas mañas que hiciste. Y bueno, cuando uno acepta todo eso, viene el cambio. Tanto con eso, como con la droga o el alcohol, con cualquier vicio.

Todo empezó desde muy chiquito. Creo que desde la panza era rebelde. La volvía loca a mi vieja. Era muy inquieto, muy curioso. Me empezó a gustar la calle. Mi viejo laburaba todo el día, mi vieja también. Mis hermanos eran más chicos. Me dejaban solo y era para "macanas". Era muy calculador, mentiroso. No existan las *mentiritas*. Sea *mentirita*, o *mentiraza*, son mentiras igual. Buscaba la manera para poderme ganar la calle y comencé a conocer gente totalmente distinta a lo que era yo. Llegué a tener dos tipos de amistades: Las sanas, de un barrio de clase media, y las vagas y sinvergüenzas de los suburbios. Ahí se fue armando toda la vida de Pablo Vega. Hasta que llegó lo de robar, de empezar a consumir sustancias, y un montón de cosas más que me llevaron a terminar de mala manera, como terminé.

ENTREVISTAS DESDE EL CONFINAMIENTO

En las cárceles, ¿Qué porcentaje de presos creés que lo están porque empezaron a robar por necesidad económica real, qué porcentaje como vos, que empezaron sin haber tenido necesidad, y qué porcentaje de psicópatas, violadores...?

Los porcentajes que te da el Ministerio de Justicia y el de Seguridad son unos, y los que vemos porque vivimos ahí adentro, son otros. Vos sabés todo el tema de las élites y lo que tapan. Yo me recorrí todas las cárceles de la Provincia de Buenos Aires, aparte estuve (preso) en Chaco, en Corrientes. De rejas para adentro, uno sabe lo que sucede. Puedo decir que solamente un 30 a 35% están por robo. Dentro de ese porcentaje, más del 20% están "engarronados" por la Policía, cumpliendo condenas y no tuvieron nada que ver. El resto son delitos menores.

Más o menos un 45% están por delitos sexuales - violaciones, abusos de menores -, después homicidas, estafas y venta de drogas, que está a la orden de día. Ya sea gente que necesita para sobrevivir o porque se drogan y lo usan como artimaña para conseguir la sustancia gratis. Está todo muy mezclado, pero el porcentaje de delito de abuso sexual es muy grande en Argentina.

No sé si entendí bien, el porcentaje que cometió delitos graves...

En toda cárcel hay un promedio de 12 pabellones. De esos, dos o tres están con población presa por robo. Después son todos pabellones cristianos, católicos, pabellones VIP. Ahí te das cuenta el porcentaje.

ENTREVISTAS DESDE EL CONFINAMIENTO

¿Podrías confirmarnos que, quienes entran por delitos menores, salen peor en todo sentido? Porque fueron maltratados, se alimentaron mal...

Tal cual. No hay ninguna herramienta por parte del Servicio Penitenciario para que el reo salga en mejores condiciones. Privarte de la libertad es tu castigo por el delito, pero eso no debe incluir que te maten de hambre, que te torturen física y psicológicamente a vos y a tu familia, que te pongan todas las trabas habidas y por haber enviándote informes negativos, para que no puedas gozar de un beneficio... La violencia llama a la violencia. No voy a decir que un preso es un santo, te estaría mintiendo. Si estamos ahí adentro es porque un error cometimos.

Pero, si la gente que tiene que ayudarte, que tiene que responder por vos, velar por vos y brindarte las medidas necesarias para un cambio, no lo hace... Cada preso en Argentina le cuesta al Estado 60 a 70 mil pesos al mes, una burrada, una barbaridad. Con esa plata, en un pabellón donde viven 20 presos, ya tenés una entrada mensual de 1.400.000 pesos60 que dicen que gastan en vos. Imagináte si no es negocio para el Servicio Penitenciario. Se comen todo, se roban toda la mercadería, y ahí comienza la verdugueada, porque el Código Penal dice que el preso tiene que estar bien alimentado, tiene que tener los medicamentos e insumos que necesite, que se tiene que respetar las visitas familiares, y el tiempo y forma de los beneficios. En el momento en el que ya te corresponde un beneficio, se tiene que respetar el tiempo y la forma.

ENTREVISTAS DESDE EL CONFINAMIENTO

No puede ser que estando con seis años de condena, y al cuarto puedan gozar de una condicional, y teniendo buena conducta por estudiar o trabajar, se les niegue porque sí. Mientras que hay gente a las que le dan libertad, gente que, desde mi punto de vista, no se merece.

Con esto no estoy justificando el robo, pero te hablo de pibes que cometen delitos menores, que por ahí levantan una persiana de noche y roban mercadería. No podés compararlo nunca con una persona que violó a una criatura de cuatro años, y la mató. Si le estás dando una oportunidad a esa gente, estás dando a entender que el que roba, seguirá robando toda la vida, y el violador no seguirá cometiendo ese delito.

Y es al revés.

Es al contrario. Acá en Argentina es toda una tumbeada, una estrategia de parte de los jueces y del gobierno anterior. En marzo tenía que cambiarse de jueces y con esto de la pandemia, no se cambiaron. Están haciendo una chanchada, liberando violadores, o gente con causas de violencia de género...

¿Por qué los liberan a ellos, en esta época del coronavirus? ¿Y no lo hacen con los que cometieron delitos menores o tienen problemas de salud?

La política está detrás de todo esto.

ENTREVISTAS DESDE EL CONFINAMIENTO

Están utilizando a los presos y a la sociedad como chivo expiatorio, para que choquemos entre nosotros. De repente te muestran a los presos prendiendo fuego en el techo de un penal, y eso quieren que vea la gente.

Quieren generar odio hacia los presos...

Claro, pero, al mismo tiempo, largan a gente que no tienen que largar. Gente que está haciendo daño a la sociedad. No puede ser que larguen a un tipo que está preso por lastimar a su mujer, y lo lleven a vivir a un ámbito donde hay criaturas, y a los dos días los esté maltratando. No puede ser que liberen a uno que está preso por violación, y lo envíen al domicilio a 20 metros de la damnificada. Ahí te das cuenta de que es una estrategia armada. No les interesa la salud de los presos. Yo no pido que abran las puertas y larguen a todos, pero tené en cuenta a la gente que tiene cáncer, HIV, que están en cuarta fase, que tienen la motricidad reducida.

Prevé las causas de pibes que están por hurto leve, robo simple, tentativa de robo simple, que nunca usaron un arma ni la van a usar. Al descomprimir un poco las cárceles, por la superpoblación que hay acá, vas a dar más espacio para que se controle lo del virus. Porque en la cárcel donde entre el virus, se va a pudrir todo porque hay cada cárcel está en un barrio distinto. Se contagiarán todos los pibes, todo el personal penitenciario, que después se van a su casa. Y se va haciendo una cadena muy jodida. Obvio que algunos especulan con lo del virus para salir, no te voy a decir que no. Pero hay gente que se lo merece de verdad.

ENTREVISTAS DESDE EL CONFINAMIENTO

El gobierno juega un rol importante. Hablamos de un sistema que lleva años y años robando y que está bastante bien fortalecido. Se les desbarata todo esto. Y como ven que hoy por hoy, el tema de las cárceles dejó de ser tabú, como lo venía tapando el mismo sistema... Como la gente está expresando lo que pasa ahí dentro, y se están blanqueado cosas, qué mejor que poner a la sociedad en contra de los presos. Y ponerle un sello en la frente que diga "Esta gente no se recupera más porque son lo peor".

Mencionabas que algunos funcionarios roban la comida, las mercaderías que están destinadas a los presos. En cierta forma, ¿Podríamos decir que les conviene que haya mucha gente en la cárcel?

Por supuesto. Y llega un momento en el que, si te están matando de hambre, te sacan el beneficio de poder salir a un patio o a una cancha de fútbol, se meten con tu familia, cuando te visitan los maltratan o manosean... O les inventan causas de que están metiendo drogas, porque no les gusta que uno se plante diciéndoles que están haciendo las cosas mal. Todas esas cosas al preso lo van fastidiando. Sumále el encierro y todos los problemas. Te hacen un quilombo en la cabeza para que seas una bomba de tiempo. ¿Y el preso, con quién detona? Con el propio preso. Más allá de tener llenos bolsillos llenos (los funcionarios) a costillas de lo que valemos cada uno, por mes, a ellos también les gusta que los presos se maten entre ellos. Total, no somos nada para el Estado. Somos un número más para ellos, para su bolsillo. De una manera u otra, te meten en una picadora de carne, y van eliminando gente.

ENTREVISTAS DESDE EL CONFINAMIENTO

Después... Qué sé yo. Comprendo el prejuicio de la gente, en la calle. Lo que los medios le ponen en la cabeza, me pongo en el lugar de la gente que ve un motín, por ejemplo, donde están subidos al techo, prendiendo fuego, con lanzas y arpones. La gente piensa: "Escucháme, loco, ¿Estos son los que quieren salir afuera y estar viviendo con nosotros?" Yo no justifico eso. Pero llega un momento en tu condena, en que venís pasando tantas opresiones, tantas torturas, viajando de cárcel en cárcel... O llegás a una, empezás a sacar tus cosas del mono (una frazada donde llevás tus pertenencias) y ya te están llevando a una celda a cag...te a palos. Y después, te hacen recoger todas tus cosas para enviarte a otra cárcel. Si una persona aguanta cinco, seis años todo eso, la verdad, si lo veo en la calle le doy un abrazo y lo felicito. Porque, ¡Hay que aguantar todo eso! No te dan ninguna herramienta para que vos puedas mejorar tu calidad de vida, cambiar tus pensamientos.

Por eso yo quiero explicar cómo es la mentalidad de una persona, cuando sale. No es todo color de rosa, que decís "Bueno, me adapto a la sociedad, voy a hacer las cosas bien". No, si hace dos días tenias que pelear por tu vida, a las puñaladas, en el pabellón. ¿Por qué no hay un sistema adentro, donde el preso pueda aprender un oficio? Pero como quieren que el pueblo esté peleado y distanciado... La única manera en que podemos salir, es uniéndonos todos.

ENTREVISTAS DESDE EL CONFINAMIENTO

La verdad es que yo, hoy por hoy, apuesto por la gente que está privada de su libertad, pero desde el lado bueno. De que hay gente que realmente quiere hacer las cosas bien, para cuando salga. Y que se cansó de esa vida. Repito, yo no hago apología a nada, todo lo que hice lo pagué y me arrepiento de verdad. Pero también apostemos a las personas que están ahí adentro, que muchas quieren cambiar.

Ramón Freire (Chile). 12 de mayo de 2020

"Hay una élite que gobierna el planeta. Estamos en guerra, y el enemigo somos nosotros"

ENTREVISTAS DESDE EL CONFINAMIENTO

Muchas gracias por acceder a esta entrevista. Vemos que tienes un bagaje muy amplio de conocimientos, sobre muchas cuestiones. Pero, comencemos por el principio. ¿Qué es el 5G?

El 5G es una tecnología para transmitir inalámbricamente. Cuando uno transmite la radio, por ejemplo, se genera un pulso de radiofrecuencia que se mide en Hertz. El sonido se mide en Hertz. Cualquier cosa que vibre entre 20 veces por segundo y 20.000 veces por segundo, lo percibimos como sonido. Y si vibra mucho más rápido ya no lo escuchamos. Lo escuchan los murciélagos, los gatos, los perros... Pero si vibra más rápido, los Hertz (vibraciones por segundo) se transforman en luz. Los colores son vibraciones, igual que el sonido, solamente que en vez de escucharlo por los oídos, los percibimos por los ojos. Hay una banda de mayor frecuencia que se usa para transmisiones de televisión.

Ahora estamos inundados por una onda de radiofrecuencia, que, si tú te fijas, cuando tomas un teléfono, éste se entibia, se calienta. ¿Por qué se calienta el teléfono? Porque las microondas (ondas pequeñas) al hacer vibrar las moléculas aire y el agua, generan calor. Por ejemplo, si tú en el microondas metes algo, no se calienta. Pero si tiene unas pocas moléculas de agua, sí. Generan calor, alteran el clima. Toda onda electromagnética es electro-magnética, posee un imán, como las brújulas. Hacen que se desvíen las abejas, los pájaros... Aparte de eso nuestro cerebro y nuestro corazón se comunican con electromagnetismo.

Entonces nos afecta a nosotros, afecta a nuestras comunicaciones internas.

De hecho, se realizó un estudio donde se ve que nuestras células, cuando se someten a radiaciones (no solamente 5G... 5G es como un extremo, también sucede con 4G, 3G...) producen exosomas. ¿Qué me interesa bajar un vídeo en un segundo, si me va a producir esto? Y ¿Qué es un exosoma? Las células humanas generan afuera como una antenas, que mandan células mensajes a las otras células y le dicen "Nos están atacando", Esos exosomas son exactamente iguales al Covid 19. Ese es el peligro del 5G y de la radiación electromagnética en general.

Uno demoniza el 5G. Aunque no existiera el 5G, las abejas ya se están muriendo hace rato, las ballenas varan, la gente se enferma desde hace mucho tiempo. El 5G es más peligroso y más potente, ese es el cuento. Es como esa analogía de la rana en el agua. Le meten en el agua fría, le ponen calor y ella no se da ni cuenta, hasta que ya se murió. Entonces, de a poco nos han ido agregando y agregando... y el 5G es el extremo. Se han hecho experimentos y, efectivamente, produce exosomas y mutaciones en la célula que son exactamente iguales a un virus. Incluso hay doctores, como Hamer, que dice que los virus no existen, que todo es exosoma, que todo es una mutación celular y por eso se dice que el virus es algo que muta la célula.

Lo que nos está pasando es que nos están invadiendo con cosas que no están diseñadas para seres vivos. Y las abejas y otros seres ya han hecho acuso de esto hace "harto" rato.

ENTREVISTAS DESDE EL CONFINAMIENTO

A la tecnología le agradecemos porque podemos comunicarnos a kilómetros de distancia, podemos ganar dinero por internet y hacer mil cosas más, pero... ¿Piensas que está tecnología se creó a favor del ser humano o que es un caballo de Troya?

Todo ha venido hacia el ser humano como un caballo de Troya. Y voy a dar un ejemplo específico. Durante toda la historia de la Humanidad se usó el oro o metales preciosos como moneda de intercambio. Hasta que alguien por ahí inventó el billete. Se dice que fueron los Caballeros Templarios, por el año 1300 ó 1200. El hecho es que siempre se hicieron billetes con respaldo en el oro. Un día, el 15 de agosto de 1971, Milton Friedman, premio Nobel de Economía, le sacó el respaldo del oro a dólar y se pusieron a imprimir billetes. ¿Qué hicieron con eso? Quebrar nuestros países. Mi país por ejemplo, y todos los países de Latinoamérica. Financiaron dictaduras militares, pusieron la escuela de Panamá para entrenar militares, porque había un "peligro" porque estaban los comunistas. En Cuba estaba Fidel Castro y no lo podían sacar. Entonces, lo que podían hacer era entrenar a nuestros militares para que estuvieran preparados por si los invadían. Se usó el dólar como falsa moneda, impuesto después de la Segunda Guerra Mundial, a través del pacto Bretton Woods, donde establecieron que el dólar iba a ser la moneda mundial. Esa economía fue un caballo de Troya.

¿Te has fijado que en las películas de Disney siempre matan a la madre? Dumbo, Bambi...

ENTREVISTAS DESDE EL CONFINAMIENTO

Yo fui un niño de cinco años y quedé aterrado cuando vi eso, y todos los niños del mundo. Porque hay estudios psicológico que partieron no solamente Freud sino su sobrino también, y se sabe que hay formas de minar la conciencia humana.

Aquí hay una élite que gobierna el planeta. Esto ya lo denunció Kennedy en 1963, motivo por el cual lo asesinaron. Esta élite está formada por gente de extrema religiosidad. Yo lo llamaría "el culto", como lo llaman otros conferencistas. Pero sí tiene que ver con gente muy creyente en la Biblia y en el Antiguo Testamento, y muy creyente en que hay un pueblo elegido. Que la Tierra le pertenece y que, con inteligencia, nos tienen que hacer la guerra. Estas no son mis palabras, son palabras de toda la gente que ha estudiado el tema, entre ellos el propio presidente de Estados Unidos (mencionado antes), quien denunció a estas sociedades secretas, que controlan el Planeta. No lo controlan los presidentes. De hecho, cuando un presidente se opone, lo sacan. Que el 5G es un caballo de Troya, no me cabe ninguna duda.

Todo viene envuelto como algo lindo (como los dibujos animados): Como un sistema económico mundial para que haya prosperidad; como estas sociedades químicas y farmacéuticas que dijeron "Vamos a inventar pesticidas para que tengamos alimentos para todos"; como estas sociedades farmacéuticas que dicen "Vamos a crear vacunas para que ya no exista poliomelitis"... Todo es un caballo de Troya.

Cuéntanos un poco más sobre lo que le sucedió a John F. Kennedy

ENTREVISTAS DESDE EL CONFINAMIENTO

Kennedy dijo una vez: "No voy a permitir que 50 hijos de puta pertenecientes a sociedades secretas controlen el mundo". Después dio un discurso de más bajo tono y habló de estas sociedades secretas, que son la masonería. Ojo, en la masonería hay gente maravillosa y son la mayoría de los masones. La base. Pero no los de arriba. Es como en la mayoría de las iglesias: católicas, adventistas, Testigos de Jehová. Son gente buena. Pero si usted va y sube a las élites, se dará cuenta que hay otras cosas, y se mueven cosas terribles como lo han denunciado los Wikileaks. El caso "Pizza gates", por ejemplo, donde están involucrados la Iglesia, políticos, etc. que hacen cosas atroces con niños, que no voy a repetir para no hacerles propaganda a esos tipos.

¿Podríamos tener internet de otra manera que no sea 5G?

Muy buena pregunta. Acá en Chile hay un cable que llega a una playa que se llama Quinteros, y reparte Internet a través de la tierra. Pasa por el istmo de Panamá y se da la vuelta por Argentina. Las transmisiones son vía fibra óptica. Pero hay otras transmisiones que son vía aérea. Y son esas las que nos causan esto, porque viajan por el aire. El cable lleva un envoltorio que se llama tierra y hace que el electromagnetismo que va en el cable, no llegue a nosotros. Todo lo que es alámbrico y que incluso va conectado a tierra, como la comunicaciones telefónicas en Texas...

ENTREVISTAS DESDE EL CONFINAMIENTO

Esa es la solución. El problema no es la tecnología, el problema es cómo la usamos. Estas cosas que nos han hecho, como invadir ensuciar, polucionar el ambiente con estas radiaciones que viajan por el aire, ese el el problema. Si viajara todo por cable, no habría problema.

En síntesis, la solución serían las comunicaciones a través de los cables bajo tierra, como antes, porque el 5G nos enferma. ¿Es así?

Pero como esto ya está, hay una forma de protegerse. No lo vamos a dejar así como "Ay, qué vamos a hacer". Hay un documental que se llama "Earthing", de un hombre que fue a Alaska. Conectó un cable de cobre y lo puso en un vaso de agua donde tenía una flor. En otro vaso puso la flor, sin el cable. En el primer caso, el electromagnetismo iba a la tierra. Es como el blindaje que llevan esos cables que van al mar. Como vio que esa flor vivía más tiempo, amarró un cable a sus sábanas y durmió super bien. Lo hizo también con un ayudante que tenía, quien roncaba y le dolía la espalda. Y se le pasaron todos los males.

Hace dos días me llegó un vídeo de una persona que me dijo "Oye, hice el earthing que recomendaste". Me emocioné hasta las lágrimas. Al igual que un piloto chileno que hizo lo mismo. Podemos blindarnos cuando estamos en la cama, porque es cuando estamos más indefensos, porque las ondas están todo el rato ahí. Ya que, durante el día, uno se va moviendo, los árboles ofrecen sombra al electromagnetismo, etc.

Hay otras formas de protegerse, por ejemplo, fortaleciendo las conexiones a tierra que van en los enchufes de las casas, y desde ahí llevarlas al lugar donde estamos.

Precisamente, vi el vídeo tuyo en el que hablabas del documental "Earthing". Un primo mío me dijo que es bueno caminar descalzos. También se lo escuché decir a Frank Suárez, de "Metabolismo TV". Si vivimos en un edificio, por ejemplo, en una quinta planta, ¿nos serviría igual el caminar descalzos? ¿Haríamos cable a tierra? Perdona si es ingenua mi pregunta.

La "tierra" se refiere a la tierra eléctrica. En el enchufe de la casa hay tres hoyitos. Por lo menos acá en Chile, el del medio lleva a tierra. Es un cable grueso enterrado. En el caso de los edificios, cuando el piso es sintético, plástico, aunque andes descalza no vas a hacer buena tierra. Algo vas a hacer, sí, porque ningún piso plástico está totalmente seco y esa leve humedad hace que igual uno tenga conexión a tierra. Lo ideal es en los momentos en los que dormimos, hacer un nudo en una de las puntas de las sábanas, se pone un cable de cobre, bien apretado, y ese cable, con una conexión profesional y bien hecha, va a la pata media del enchufe.

Hay libros, documentales, estudios... un montón de gente que dice que le funciona. Lo otro que se puede hacer, y que también lo dicen en el documental, de caminar descalzo.

Lo otro que sea hace – y esto es una oportunidad de negocio – es comprar una palmeta de pasto, de estas que se venden en tiendas de artículos para el hogar. Tenerla, por ejemplo, mientras estás sentado navegando por Internet, descalzo y pones allí los pies.

Como los gatos y perros que viven en departamentos, ellos necesitan ese contacto con la tierra eléctrica. No reemplaza el andar descalzo ni el cable a tierra, pero disminuye ese electromagnetismo. Así, el electromagnetismo no viaja por el centro del cuerpo, cuando hay humedad alrededor. Parte de eso se desvía. Aunque, a solución ideal sería volver a vivir como vivíamos antes más cerca de la tierra. Se puede disminuir, pero eliminarlo, no. Habría que eliminarlo desde la fuente, y para eso pueden pasar varias generaciones. Como las plantas de carbón que fueron eliminadas de las ciudades, porque contaminan, como ocurrió en Londres. Porque el carbón contamina y la gente se estaba muriendo. En el futuro, seguramente dirán, "Volvamos a la transmisión por cable, o hagámoslo de esta otra forma". Pero mientras, hay que protegerse.

¿Crees que es verdad que están aprovechando el confinamiento para instalar antenas 5G?

La gente tiende a demonizar. Los "malos" eran los que perdieron en la Segunda Guerra Mundial: Hitler, Mussolini...

ENTREVISTAS DESDE EL CONFINAMIENTO

Y después "Los malos son los de izquierda". La verdad es que no es solamente la instalación del 5G. Solamente el simple hecho de hacer esto (*se tapa la cara y nariz con la ropa*). Cuando tú respiras tu propio CO_2, y todo lo que tú botas, eso hace que te enfermes. No lo digo yo, lo dicen expertos en Virología. Yo doblé al español a dos doctores de California, a otro doctor hindú, y compartí una entrevista hecha a la Dra. Chinda Brandolino, de Argentina. Lo dicen los virólogos.

Aunque no pusieran antenas de 5G, toda la gente que ha eguido a pies juntillas lo que dice el sistema, se van a enfermar. ¿Por qué? Porque el sistema inmunológico necesita de virus y bacterias para vivir. Si yo estoy todo el día limpiando los celulares, las mesas, con alcohol, y mis manos... Y no tengo contacto con virus, me debilito. Por eso, cuando somos niños, nos metemos todo a la boca, la tierra, y todo eso. Incluso cuando conocemos a alguien y la besamos. Nos transmite información que nos hace más fuertes.

La forma de tener un mejor sistema inmunológico no es aislarse de los virus. A los que se aísla es a los enfermos, pero no a los sanos. Porque, cuando aíslas a un sano, que necesita estar en contacto con eso, lo enfermas. Es la opinión de los expertos, yo solo estoy repitiendo ese argumento. En todo caso, la solución sería taparse la boca, pero no la nariz. Vi mujeres, niños y abuelitos tosiendo y estornudando con la mascarilla. Y gente imbécil que se sacaba la mascarilla para fumar. Vivimos en un mundo extraño, y la gente actúa como ovejas. Hace rato que dejamos de pensar.

ENTREVISTAS DESDE EL CONFINAMIENTO

Entonces, estas élites de las que hablabas, lo que buscan es asustarnos, y reducir la población mundial.

Sí. De hecho, hay unas piedras en Georgia, que se llaman Guidestones, donde hablan de que ellos proponen un sistema para eliminar a un gran porcentaje de la población. Estas piedras están en varios idiomas y hablan de un plan que viene sucediendo hace tiempo. Te voy a explicar claramente de dónde viene eso.

A finales del siglo XIX, la población del planeta era de mil millones, se nos dice. Ya para los años 70, éramos 4.000 millones. En los años 50 éramos 2.000 millones, es decir, se había doblado el número. Ahora somos casi 8.000 millones. Hay una curva geométrica.

La Fundación Rockefeller hizo un informe que se llama "Iron Mountain", que lo tengo gratis para descargar en el grupo de Facebook. Ellos, como son los ricos del planeta, sienten la necesidad de controlar el crecimiento poblacional. Entonces hablan del control de la natalidad, las pastillas, etc. Pero también hablan de otras cosas. Hablan de homosexualizar a la población. Eso fue en los años 50. Y en los años 70 salió el Informe Rockefeller, o Memorandum 200, que también lo tengo para descargar, pero poca gente lo hace. La gente está esperando que salga un hermano mayor, que piense por nosotros. Ellos consideran que hay un peligro en la explosión demográfica, porque, dicen ellos, es tan grande eso matemáticamente, que acabaríamos con el planeta.

ENTREVISTAS DESDE EL CONFINAMIENTO

La pregunta es: ¿Es verdad que estamos creciendo tanto? ¿Es verdad que ese es el número de la población? ¿Es verdad que el planeta tiene recursos finitos? Porque nos lo presentan así.

Y resulta que, al ver la realidad, desde otro ángulo, es muy distinto. Por ejemplo, toda la población de mi país, solamente en la Patagonia, que es el sur, caben 300 millones. Es una tierra mágica, igual a Europa, pero la Europa de hace diez mil años atrás, con cascadas , lagos y ríos. Vivimos todos apiñados en ciudades.

Y si me voy a China ¿Qué veo? Tengo a mi mejor amigo, Diego Vergara, vivió en China. Y dice que, un día fue a una aldea, a 300 kilómetros. Donde nunca habían visto a un hombre occidental. Le tocaban la nariz, porque tiene la nariz larga, y le pasaban la mano por el brazo, porque tenía pelo. Y dice que en todo ese lugar, no había nadie. Eran campos maravillosos, y cerros y aldeas. Ellos nos apiñan. Nosotros podríamos ocupar mi país. Mi país es mágico. Pero no nos dejan ocupar eso. De hecho, la Patagonia, ya fue comprada por millonarios, a menos de un dólar la hectárea. Una sola persona, Douglas Tompkins, compró 900.000 hectáreas, entre Chile y Argentina. Eso equivale a un país europeo. Y nadie dice nada.

ENTREVISTAS DESDE EL CONFINAMIENTO

Hay una élite que se reparte el mundo. Que nos tiene apiñados. De hecho, hay un gran filósofo español que yo admiré toda mi vida, que se acaba de morir. Salvador Freixedo. Él fue sacerdote jesuita durante 30 años, investigador, una persona con mucho conocimiento. Él habló de que esta gente nos engaña desde hace mucho tiempo, nos tienen como una granja humana. Ellos nos cosechan.

Nos hacen creer que todo está sucio, contaminado y que somos los culpables de eso...

Lo que dicen es verdad. La población humana creció. Pero en esos reducto urbanos creados por ellos. Toda la población del mundo, a través de la Historia, siempre vivió a los lados de los ríos, y de las costas marinas. Ahora, nos apilan en las ciudades.

Y nos traen el agua por un tubo. Y el agua viene contaminada por los químicos que le ponen ellos. Nosotros podríamos ocupar nuestro país, como ocuparon los Estados Unidos en el siglo XIX, el salvaje oeste, que fueron ocupando todo. Acá no se puede hacer eso. Porque toda esa tierra ya pertenece a privados, desde hace dos siglos acá en mi país.

Supongo que sucede lo mismo en Argentina, Brasil, Paraguay...

Quiero hablar del caso de Argentina, porque es un caso señero. Argentina alimentó a toda Europa, durante y después de la Segunda Guerra Mundial.

ENTREVISTAS DESDE EL CONFINAMIENTO

Es tanta la riqueza de Argentina, que el ministro Churchill, canciller de Inglaterra, dijo públicamente: "No voy a permitir que el hijo de puta de Perón haga de Argentina un país civilizado. No lo voy a permitir, y lo voy a perseguir en esta vida y en la otra". O sea, Argentina tenía todo para ser un país civilizado : tierra, recursos, costas al mar y una raza de gente venida de Europa, con mucha tecnología, con mucho poder y cultura. Los argentinos, sobre todo, son cultísimos. Bueno. Fueron invadidos por la Inteligencia de Inglaterra. Tú sabes que le hicieron la guerra, y otras cosas más que no voy a mencionar aquí.

Hay operaciones de ingeniería social, para que no nos transformemos en países desarrollados. Por ejemplo, en mi país producimos el 50% del cobre del planeta. ¿Sabes lo que significa eso? Chile está en todas las conexiones eléctricas del mundo. Pero no podemos ser país desarrollado.

Nosotros somos colonia. Pasamos de ser provincia española, abierta, a colonia anglo, encubierta. Esa es la verdad. Por eso el gobierno chileno ha apoyado al gobierno de Inglaterra en la guerra en contra de nuestros hermanos argentinos. No es que Chile haya apoyado a Inglaterra, fueron los gobiernos. Entre ellos son todos amigos. En la masonería, todos son dependientes de Inglaterra. Hubo en caso de un senador francés, Maurice Caillet, quien dijo que ellos no votan por la izquierda o la derecha, la izquierda ni la derecha existen. Ellos votan por lo que dice la Gran Logia. Lo denunció en su libro "Yo fui masón".

De hecho, escuché hace algunos años que eso de "izquierda" y "derecha" es un cuento, para que nos peleemos entre todos.

Es un cuento. ¿Tú crees que a la gente del capitalismo le interesa que exista el comunismo? Les da lo mismo. ¿Dónde crees que se fabrican los Iphone, o el computador donde estás escribiendo? En China. ¿Cuál es el régimen político de China? El comunismo. ¿Cómo te explicas eso? Porque el sistema comunista y el capitalista, fueron creados por el mismo tipo de personas, de la misma raza, judíos. Marx era judío. Ellos no tocan a los bancos. Los bancos funcionan como bancos centrales, y no pertenecen a los países. Crean la moneda y son privados. Y le ponen un porcentaje a esa moneda, que siempre es de ellos. Y cuando hacen un préstamo, si tengo diez monedas de oro, y se las presto a diez empresas, les digo:

"Cada uno me va a devolver dos monedas de oro". Pero, ¿Cómo me van a devolver dos? Me tienen que devolver veinte, porque hay diez en juego. Así controlan a los países. Con un sistema de deuda que es impagable. El sistema está diseñado para que las deudas sean impagables. Y estas deudas vienen así desde hace siglos. Este sistema está claramente detallado en la Biblia. Lo pueden buscar. Donde dice "Esta es la forma para que tomes control del país donde llegas". Esto fue denunciado durante mil años en toda Europa. Y no estoy hablando de los judíos. Hablo de una élite de ellos, que se cree ese cuento.

Y por eso los expulsaron una y otra vez. Hasta que el zar de Rusia los expulsó. Y a sus hijitas las violaron y asesinaron. Lo que estoy diciendo es historia. Es un sistema que gobierna al mundo a través de la deuda, la usura. La usura es un pecado condenado en todas las religiones, menos en una. Esa es la verdad. Aquí hay una élite que tiene un origen que se siente religioso.

Por eso es que Estados Unidos defiende, en Medio Oriente, a quien le hace la guerra a Palestina, porque creen en eso, ¡de verdad! ¿Sabes desde hace cuánto? Desde hace miles de años. Para toda la gente que cree que estamos en el año 2020, hace 2020 años un tipo fue y se enfrentó al dios de este mundo. Se llamaba Jesús de Nazareth. Después de ayunar, se le apareció el dios de este mundo y le dijo que él controlaba el mundo. Todos los países, todos los reinos, todo. Y le ofreció a Jesús, "únete a mí y controlaremos todo".

Un poco como en "La guerra de las galaxias". Jesús le dijo que no. Y enseguida, fue donde los sacerdotes judíos y les dijo: "Ustedes sirven a un demonio. Ustedes sirven a un dios malo. Ustedes sirven a Satanás". Se los dijo una y otra vez. Que eran unos mentirosos y que engañaban al pueblo.

¿Qué pasó con él? Lo crucificaron. Lo torturaron. Todo esto que digo fue denunciado por Jesús hace dos mil años. Esa es la verdad. Por cierto, también había gente maravilloso entre los judíos, como José de Arimatea, o los esenios.

ENTREVISTAS DESDE EL CONFINAMIENTO

Los judíos son gente maravillosa, son nuestros hermanos. En el Antiguo Testamento hay cosas súper buenas. No estoy hablando de ellos, estoy hablando de los otros, los que distorsionaron todo.

Los cátaros. 1.000 años después, en Francia: "El Jehová del Antiguo Testamento es un demonio". Ese dios que mandaba matar niños y mujeres. No tiene nada que ver con Jesús. Esa unión del Antiguo y el Nuevo Testamento, lo hicieron los mismos tipos que inventaron la Biblia. ¿Para qué? Para dividirnos. Por eso hay tantas iglesias. Llevan siglos peleándose. Católicos, protestantes, musulmanes. Cuando quieren, azuzan peleas entre nosotros. Esa es la verdad. Estamos controlados por una élite que tiene una fuerte arraigo religioso y según los estudiosos, están unidos por una presencia que no es humana, para los que estudian demonología, sería el demonio de los volcanes, conocido como Jehová. Sin anestesia, ahí está. Este demonio tomó control de nuestro sentimiento religioso. Nos impuso libros, dogmas inamovibles. Pero la gente siempre fue analfabeta, hasta el año 1600, no usaba libros.

De hecho, muchas veces me pregunté, por qué son tan distintos el Antiguo y el Nuevo Testamento. ¿Qué dios te va a mandar matar a tu hijo, te envía castigos y demás?

Final del Libro de Jueces: "El pueblo de Dios quería violarse unos ángeles. El sacerdote de Dios dice, no se viole a los ángeles, aquí está mi concubina". Y la violaron hasta que la mataron. ¿Qué quiero decir? Que en la Biblia hay cosas atroces.

ENTREVISTAS DESDE EL CONFINAMIENTO

Como cuando el Rey David oraba para que la cabezas de los bebés de los enemigos fueran azotadas contra las rocas. Hay cosas buenas, también. La verdad es que todo está mezclado. La verdad y la mentira son como dos juegos de cartas, que se mezclaron. Uno tiene que examinar todo, y retener lo bueno.

Las cosas atroces las utilizan para controlar el mundo, hasta el día de hoy. Si expulsaron a esta gente de tantos países... ¿Ustedes creen que nuestro ancestros estaban equivocados? Hasta Shakespeare, en "El mercader de Venecia", los denuncia. Si no leen, busquen la película.

¿Qué opinas sobre los evangelios gnósticos?

Los encuentro muy interesantes, debido a que guardan relación con la Historia. Un hombre, si tenía 18 años y no era casado, era expulsado. No se permitía el homosexualismo. Allí vemos que Jesús tenía una compañera, y la besaba en la boca. Y eso me hace mucho sentido. Porque el Jesús que nos han puesto es el Jesús afeminado.

Jesús no era así. ¡Jesús era tan brillante y elocuente! Él se crió en Egipto. José tuvo un sueño, "toma tu hijo y huye a Egipto". Llegó a estudiar en la mejor universidad del mundo. Llegó con tanta elocuencia y brillantez, que dejaba a todos helados con sus preguntas. Era muy inquisitivo. Además, era muy valiente. De hecho, una vez se enfrentó con un látigo contra 5.000 personas.

ENTREVISTAS DESDE EL CONFINAMIENTO

Volviendo a los evangelios gnósticos. La palabra "terapeuta" viene de allí. Eran los esenios. Quienes no estaban con el dios de este mundo. Se vestían de blanco, se bañaban con agua fría y aconsejaban, enseñaban a la gente y las sanaban. "Terapeuta" significa "el que presta atención".

Últimamente están censurando muchos vídeos en Youtube, cuentas de Facebook... ¿Dónde están ubicados estos dedos censuradores? ¿Quiénes son?

Hay gente contratada. Acá en Chile, por ejemplo, hay 200 personas contratadas. Desde los años 80 hay un programa, que lee textos y cortan. Anoche hice un vídeo muy importante, mi vídeo numero 500, en vivo. Y tengo otros 300 más, donde he traducido cosas. Y me lo echaron abajo cuatro veces. Al final dije, "Esta vez, ganaron. Soldado que se rinde, sirve para otra batalla", y me fui a acostar.

¿Crees que existen los reptilianos?

Yo no demonizo nada. Por ejemplo, la gente evangélica, según su cultura, piensa que la serpiente, como símbolo, es malo. Porque dicen que la serpiente es Satanás. Sin embargo, Jesús decía que hay que ser como las serpientes, astutos. En el Antiguo Testamento se habla de que se puso una serpiente de bronce en un palo, de tal forma que todo aquel que la mirara, se sanara, una vez que hubo una plaga. Los símbolos son duales.

ENTREVISTAS DESDE EL CONFINAMIENTO

Yo no creo que haya ninguna raza que se pueda demonizar. ¿Qué es lo que entiendo yo, por ser reptiliano? El cerebro humano se divide en tres. Está el sistema límbico, que es donde están las emociones. Está el tronco encefálico, que es donde están los instintos de comer, reproducirse, dormir, descansar. Y está el neocortex, donde está el pensamiento más profundo. Hay gente que actúa desde ese cerebro (desde las emociones): "Tú eres mi enemigo, porque no eres hijo del dios mío. No eres del pueble elegido de Dios, así que yo te mato, y te arraso". En ese sentido, entiendo el ser reptiliano como una metáfora.

Por ejemplo, mira lo que pasó en Hiroshima y Nagasaki. Murió tanta gente civil... Yo tengo testimonios de allí, los puse en mi libro "Bitácora del sur". Hicieron atrocidades. Esas dos eran las únicas dos ciudades católicas.

Volviendo al tema de los reptilianos. Hay muchas teorías sobre la vida fuera del Planeta Tierra... Como la existencia de pleyadianos, de otros seres. ¿Qué opinas sobre esto?

Es un tema para ser abordado apropiadamente, en otro programa completo. Lo único que te puedo decir es lo siguiente. Cualquier cosa que venga de fuera de este plano, es extra-terrestre.

ENTREVISTAS DESDE EL CONFINAMIENTO

Ahí caben muchas teorías. Tengo un informe del Servicio de Inteligencia de Estados Unidos, un libro que lo tengo aquí (*coge el libro*), se llama "La conspiración de Acuario" y tiene más de mil páginas. Es un estudio que el Servicio de Inteligencia mandó hacer en los años 60, mezclando cosas verdaderas con falsas. Para controlar a la gente. Porque la gente siempre está ávida de creer en cosas. Siempre está buscando aferrarse a algo que esté sobre ellos, como un papá o una mamá, un hermano mayor, una creencia. Hay cosas "harto" interesantes, pero también cazabobos. Mucho del "new age" está inventado. Hay cosas ciertas, sí, pero hay otras que no. En los libros más antiguos de la Tierra se habla de los brahmastras, de unos seres que volaban en unos discos. Se dice que Alejandro Magno pasó los últimos años de su vida buscando esas luces que salían del océano.

Una historiadora que se llama María Graham, de Inglaterra, dijo que ella estuvo en un terremoto aquí en Coquimbo, en el norte. Y después del terremoto salieron del agua dos discos que sobrevolaron la ciudad y de ahí se elevaron hacia el cielo. Y lo dijo hace 200 años. Es decir, siempre ha habido algo. Yo no sé si viene de otra parte. Esto que voy a decir es muy importante: Solo conocemos el 5% de nuestros océanos. Repito. El 95% de nuestros océanos nos es desconocido. Por favor, búsquenlo. Búsquenlo. Eso me hace mucho más sentido que el hecho de que haya gente que pueda venir de las Pléyades. ¿Por qué? Porque todos los antiguos hablaban de los dioses del agua. Y todos los que hablan de María, Yemanyá... ¿Qué significa "María"?

ENTREVISTAS DESDE EL CONFINAMIENTO

La que salió del mar. ¿Se acuerdan de la "Venus" de Botticelli? Todos hablan de esos seres que venían del agua. Y eso está en todas las culturas. Puede que venga gente de fuera, pero nadie enfoca que todos los antiguos decían que había seres que salían del mar. De una parte a donde no tenemos acceso. Y no del espacio sideral.

Volvamos al 5G y a esta crisis. En este momento, estamos en muchos países, confinados, y en otros, no. ¿Cómo te explicas que haya países, como Taiwán y algunos de Europa, que no han seguido esta forma de confinar al pueblo, y, en consecuencia, sus economías no se ha derrumbado?

No voy a dar mi opinión, voy a dar datos para que la gente se forme su opinión. Y no creo en las ovejas como humanos. Somos seres humanos. Así que, vamos a empezar a sacarnos ese constructo... Vamos a empezar a pensar. Hace 11 años, en 2009, se empezó a quebrar la economía mundial. De hecho, se inyectaron 17 trillones de dólares de los gobiernos, a los bancos, que son privados. Qué terrible que quiebre un banco (*gesticula con ironía*). Se les inyectó ese dinero, para que siguieran funcionando. Al mismo tiempo, se inventó que había una gripe porcina, y se dijo que iban a morir 150 millones de personas. Y que 2.000 millones (una tercera parte de la población mundial) iba a ser contagiada. Entonces, inventaron una vacuna. Pero, no era gratis la vacuna. Había que comprarla. Chile compró varios millones.

ENTREVISTAS DESDE EL CONFINAMIENTO

En Europa del Este y en Italia, tomaron la vacuna y dijeron "A ver, pare. La vamos a probar en hurones". Se inyectaron, y los mil hurones murieron. Y e hizo un escándalo grande porque vieron que, dentro de la vacuna, había heces de animales, virus de la gripe española... La gente iba a morir más por la vacuna. Eso fue denunciado. Pero como somos ovejas,somos imbéciles, la gente no toma esto, y sigue esperando que el sistema... (nos proteja). Es como los animales. Que viene uno y le pega, lo maltrata, pero como le dan el alimento, se quedan ahí nomás. Eso ya sucedió hace 11 años atrás. Por favor, búsquenlo. Busquen a Teresa Forcades, que es una monjita y es doctora en Medicina. Esa es la verdad.

Ahora sucede lo mismo. El sistema volvió a colapsar económicamente, porque está todo inflado, es un sistema económico basado en papel. Entonces, qué va a pasar en el futuro, que van a echar la culpa de que "hubo un virus" que quebró la economía.

En este momento se está quebrando la Economía del mundo. Entonces toda la gente del mundo, no solo de clase baja, sino media... en fin, es triste. Porque si no abres tu negocio, una dos, tres veces, un mes... quiebras. Y qué va a pasar, que van a ofrecer créditos. A mí, que no soy nadie, me han ofrecido un crédito de varios millones. Solo tengo que ir a buscarlo. Diez millones, pero voy a tener que pagarles 20. Según Sun Tzu, autor de "El arte de la guerra", que lo leen todos los generales del mundo, la mejor guerra es la guerra silenciosa. En este momento hay una guerra silenciosa.

ENTREVISTAS DESDE EL CONFINAMIENTO

Por un lado, está la Humanidad (dividida entre izquierda y derecha). Y, por otro lado, está la elite. La misma élite que tenía feudos, la misma que siente el pueblo elegido, la misma gente que fue expulsada durante siglos, de todo el mundo, por tratar de instaurar este sistema, que está en todos lados. Sistema que se llama "economía mundial". Esto es un golpe para quedarse con las cosas.

Por ejemplo, ¿qué pasó en China cuando empezó esta cuestión? En mi estudio de grabación tengo elementos fabricados en China. De todas esas empresas chinas, se fueron abajo las acciones. El gobierno chino compró esas acciones. De toda esta crisis, ¿quién queda arriba? China. Y el dólar, en todo el mundo, se fue a las nubes. Es una guerra económica. Aquí las élites se reparten el mundo. Nosotros somos el enemigo para ellos. Nos tienen divididos como en la película "Los juegos del hambre". Derecha, izquierda, y dentro de cada uno, varios subpartidos. Estamos divididos. Para que seamos gobernados.

"Divide y vencerás", decían. No recuerdo quién...

Lo dijo el demonio en "Fausto" de Goethe.

Vuelvo a la pregunta sobre los países que no siguieron el plan... Yo creo que tienen tanto poder... Imagínate un carro con un caballo. Lo puedes dirigir. Ahora, uno con dos caballos. O con seis. Pero pon 200 caballos.

ENTREVISTAS DESDE EL CONFINAMIENTO

Hay cosas que se les van de las manos. Hay países que por raza, no tienen estas cosas del judaísmo o del cristianismo, que no tienen estas divisiones. Por ejemplo, Taiwán. Antes, era un país desgraciado. ¿Saben en qué invirtió Taiwán, y que lo hizo pasar a ser una potencia? En educación de su gente. Les enseñan desde chiquitos, y entretenidamente. Es gente muy educada, tienen otro chip, otra cultura.

Nosotros hemos entrevistado a Yuan Lee, un chico joven que denunció un montón de cosas terribles del gobierno comunista. ¿Crees que ese gobierno está asociado a la élite?

Yo no lo creo: Yo lo aseguro. Y me baso en la Historia. Por ejemplo, si tú ves todos los mapas antiguos, y no tan antiguos, del siglo XIX, vas a ver el norte de Eurasia, un país gigante, con un dragón enorme, como su bandera, que se llama Tartaria. Si tú ves esos mapas, la Muralla China está dentro de Tartaria. Y de hecho, las entradas son por Tartaria. De repente, hubo unas guerras, unas cosas... otra historia muy larga. Y apareció Rusia, y apareció China.

Hay otra Historia. Está el pueblo chino, que son masas, igual que nosotros, que hace lo que digan los líderes. Pero China es el país que más Lamborghinis importa. Hay una élite china. Usaban el tren que va de China a Rusia, vivían como jeques árabes. A la gente que maneja los bancos, no les interesa si tú eres de izquierda, de derechas, si eres adventista o ateo. Les da lo mismo.

Ellos manejan el lenguaje del dinero. China produce para todos nosotros, y punto. China es una aldea de esclavos que mantiene a los esclavos que somos nosotros. Y todos, alimentamos a la élite, y teniendo el sistema económico funcionando, gracias a China. Es parte del juego.

Hay quienes dicen que el virus es de laboratorio y salió de Wuhan, pero que, originalmente, ese proyecto contó con la aprobación del Gobierno de Obama. Y que ahora, China no cuenta con ese "apoyo", por parte de Trump.

La guerra bacteriológica empezó en la época medieval, cuando se cercaban los castillos, y la gente tenía que sobrevivir con el agua y el grano dentro del castillo. Y les tiraban cadáveres con peste, con lepra. Y a la gente, con ese miedo, le bajaban las defensas. Y se ganaban las guerras. Las guerras bacteriológicas, no son de ahora, son de siempre. Solo que se han perfeccionado. Claro, son virus mutados. Lo que es de ahora es la generación, que está todo el día en el teléfono, viendo Los Simpson. Vivimos entre la gente más imbécil que existió en la Humanidad. Y te lo digo con propiedad, porque "imbécil" significa que no utiliza sus recursos mentales. La gente no piensa. Espera que otro piense y le explique. Son tullidos: Gente que tiene piernas, pero como no las usa, pierden su fuerza motriz y se quedan sentados para siempre. Eso es lo que está pasando.

ENTREVISTAS DESDE EL CONFINAMIENTO

Siempre han existido las guerras bacteriológicas. Han muerto presidentes así. ¿Sabías que Jared Kushner, yerno de Trump, tiene una empresa de nanobots? Por favor, búsquenlo. ¿Has visto los drones? Son drones microscópicos. Pueden llevar virus dentro, pueden matar gente. Vivimos en un mundo loquísimo. Donde la mayoría de la gente está embobada con la televisión, con los medios. Mucha información, pero información que no los forma, que no tiene los elementos intelectuales para formarse. Porque pensamos en palabras.

Y si no estudiamos, si no leemos, si no somos gente culta, estamos a merced de ellos. Lo que está pasando ahora, es que hay una guerra bacteriológica. ¿Existe el virus? Existe el virus. Hay unas cepas más fuertes en un lado, más suaves en otro. Y en otros lados, nada. Hay una mezcla. Estamos en Sodoma y Gomorra. Hay que estar muy conscientes.

Hoy salí nuevamente a la calle, y volví triste. ¿Qué les han hecho a los españoles? Los vi con miedo. Con mascarillas. Separados unos de otros. Nunca vi nada igual, con lo alegres que fueron siempre, en los bares, con sus cañas, sus vinos, sus cafés, sus Fallas de Valencia, su Semana Santa en Sevilla... Estoy muy dolida, han arruinado este país. Y de Italia, no me quiero ni imaginar. ¿Es parte del plan distanciarnos, hacernos tener miedo los unos de los otros? Aparte de la ruina económica, claro.

ENTREVISTAS DESDE EL CONFINAMIENTO

Yo doy un coaching de música y neurociencia. Sobre cómo la música nos ayuda a estar bien. Lo que quiero extractar de eso es que, cuando uno está deprimido, uno actúa desde el sistema límbico, reptiliano. Y todo nuestro sistema empieza a deprimirse. Si tú haces que la gente en España esté así (*hace un gesto de tristeza*) los vectores (*del rostro*) le comunican a los bebés... ¡A los bebés! Que el mundo al que están llegando está mal. Y qué pasa, que no solo deprimes a una generación, sino a todas las generaciones. Es una bomba, es un golpe emocional, que te deprime no solamente tus emociones, te deprime tu sistema inmunológico. La gente se muere de pena. Me decía una mujer que me escribió, que su padre murió. No pudieron ni enterrarlo, lo metieron en una bolsa. Imagínate ese golpe. No pudieron ni verlo, cuando estaba enfermo. Pusieron que murió por coronavirus, cuando lo habían llevado al hospital por otra cosa.

Hay una guerra, y el enemigo somos nosotros. ¿Cómo enfrentar esa guerra? No se enfrenta en grupo, "vamos a orar por el planeta". ¡Basta! Se enfrenta individualmente y en pequeños grupos. Así funciona. Cada uno es un soldado, y cada uno es un ejército. Si esperamos que la solución venga de afuera, o que nos unamos en cosas, o que vengan los extraterrestres... Si esperamos todo eso, ya perdimos. La pelea es individual. Y esta gente, que nos habló del dios malo que nos gobierna, como Jesús por ejemplo, dijo que esta es la solución. Cuando estén solos - y no con la pareja, la amiguita... - sino solos. En la pieza, en el campo, hablar para arriba. Durante tres años Jesús habló de un reino en el Cielo.

ENTREVISTAS DESDE EL CONFINAMIENTO

Después lo crucificaron, volvió a estar entre la gente y durante 40 días dijo lo mismo. Jesús no vino a hablar del amor ni de la paz. La gente que cree eso, solo tomó una parte de un texto, e hizo un pretexto. La verdad es que Jesús vino a hablar de que había un reino. Y que, cuando uno estaba conectado con ese reino, uno realmente podía "no preocuparse", como decía él, ni del trabajo, ni de la comida, ni del vestido, ni de la casa, porque de arriba nos mantienen. Porque sigue estando esa conexión ahí, solo que cada uno, individualmente, tiene que hacerlo.

Jesús, cuando lo quisieron apedrear, mirándolos a todos, dijo: "Todos ustedes son dioses. Morirán como hombres, pero dioses son". No somos un accidente de la Naturaleza, un producto de la sopa cósmica. Somos descendientes de algo súper potente. Lo han dicho todos. Zoroastro, Buda. ¿Qué hablaba Buda? Que todos somos budas. Pero estamos durmiendo. La misma cosa que decía Jesús, solo que con otras palabras, para otra cultura. Resumiendo, toda la solución va a venir de arriba, pero no de un extraterrestre que vendrá a ayudarnos, sino de uno mismo, unido a eso.

Anoche (*en un vídeo*) hablé de esto. En el libro "La Odisea", al final Ulises estaba unido a un tablón, flotando en el agua. Le dice a Dios, "¿Por qué me ha hecho esto?" Lo único que quería era estar con su mujer y su hijo, en su reino, Ítaca. Y aparece el dios, desde el agua: Neptuno. Y le dice: "Todo esto ha pasado para que entiendas que los dioses y los humanos somos una sola cosa". Eso es lo que estamos haciendo aquí, esto es una escuela.

ENTREVISTAS DESDE EL CONFINAMIENTO

Ni siquiera somos un producto terminado. Es como cuando Jesús, crucificado, le dijo a los otros dos, "De cierto te digo que mañana vamos a estar en el Paraíso". Todos hablan de eso. Lo decían los vikingos, los musulmanes... Todos hablan de algo grande y poderoso, hacia lo cual vamos. Nosotros estamos transitando en esta vida. Todos los que se aferran a esta vida, no están pensando bien. Esto es un paréntesis. La vida no termina más allá de la luz que se ve al final. La vida continúa, y parece que es mejor que esto.

Pero, al parecer, hay gente que no lo entiende, y sigue obrando mal. Que no busca la sabiduría, ni la inteligencia. Y tienen que volver aquí una y otra vez. Para ellos, el sufrimiento y la frustración también es una escuela. Esa es la verdad. Por eso, mucha gente llegaba a Jesús y le decía "Déjame ser tu discípulo". Y él les decía "No. Vete a tu casa". Esto no es para todos, ni para todos al mismo tiempo. Al final, todos pasaremos a otro nivel de vida mejor. Pero, repito, no todos, ni todos al mismo tiempo. Esto es individual. Por ejemplo, ¿Qué hacen los yoguis?

¿Hacer ejercicios raros, para tener flexibilidad? No. Buscan hacer esa conexión con la Divinidad. Todos hablan de lo mismo, el tema es el mismo. Debemos hacer esa conexión para arriba, y a partir de esa conexión, podemos ver más allá de la malla, de la ilusión, de la mentira y de la basura que nos han metido en este mundo. Más allá de las divisiones. Pero esto se hace de forma individual, y desde ahí, en pequeños grupos. Exactamente como la biología del cuerpo. Una célula sana, otra, y otra... y de ahí, un cuerpo sano.

ENTREVISTAS DESDE EL CONFINAMIENTO

Un dato: Dejé como 100 libros en el grupo de Facebook "Planeta Celta". Pero hay dos libros en particular que yo los recomiendo. Uno es "La conquista de la voluntad", del psiquiatra Enrique Rojas. El otro es "Confía en ti mismo", del filósofo trascendentalista Ralph Waldo Emerson. Por lo menos, este último, lo tienen que estudiar. ¡Sé tu mismo! Confía en ti. Confía en la sabiduría que te creó. Cuando uno tiene una herida, y la herida se cierra, yo no tengo que pensar en eso. La inteligencia actúa, en mi cuerpo, en automático. Hay una inteligencia más alta que nosotros, que nos repara. Pero esa conexión está rota. Y hay que hacerla.

Y yo también escribí un libro, con información digerible, de muchos temas que tienen que ver con la Filosofía, las Ciencias, el Arte... Se titula "Bitácora del sur".

https://ramonfreire.cl/musicaysonido/libro-bitacora-del-sur/

?fbclid=IwAR00o8Ozz4TSzv71doVuL8_qPd_1YKqUizLBCmtdv6BeW NQPTWzl-vDm-e8

¿Podrías dejarnos un mensaje final?

Sí. A toda le gente que se sienta sola, o que tiene miedo, o está triste. Esto no lo digo porque lo haya aprendido leyendo, lo digo porque mi vida fue así. Me tocó vivir cosas terribles, acabo de enterrar a mi madre, después de que la vieran cinco médicos, que le dieron cinco diagnósticos distintos. Finalmente, la saqué del hospital, muerta, con dos bolsas de basura con su ropa, hace cinco meses.

ENTREVISTAS DESDE EL CONFINAMIENTO

A toda la gente que está sufriendo, le digo que estamos todos en el mismo barco, y todos hemos sufrido. La solución, para mí, vino de arriba. Siempre ha venido de arriba. Hablen para arriba. No importa la creencia que tengan. Y, de verdad, que les van a contestar. Porque no somos solamente carne y sangre.

Somos un espíritu que mora aquí adentro, y ese espíritu se conecta con algo mucho más grande, que ni siquiera podemos nombrar, porque no hay palabras para contenerlo. No estamos solos, de arriba nos van a ayudar. Pero uno tiene que ejercer la voluntad, y uno tiene que hacer la conexión.

Más enlaces:

Página de Ramón Freire:

www.ramonfreire.cl

Canal "Bitácora del sur":

https://www.youtube.com/user/chiledreams

Documental sobre el Earthing:

https://www.youtube.com/watch?v=IIyGwkU8dCs

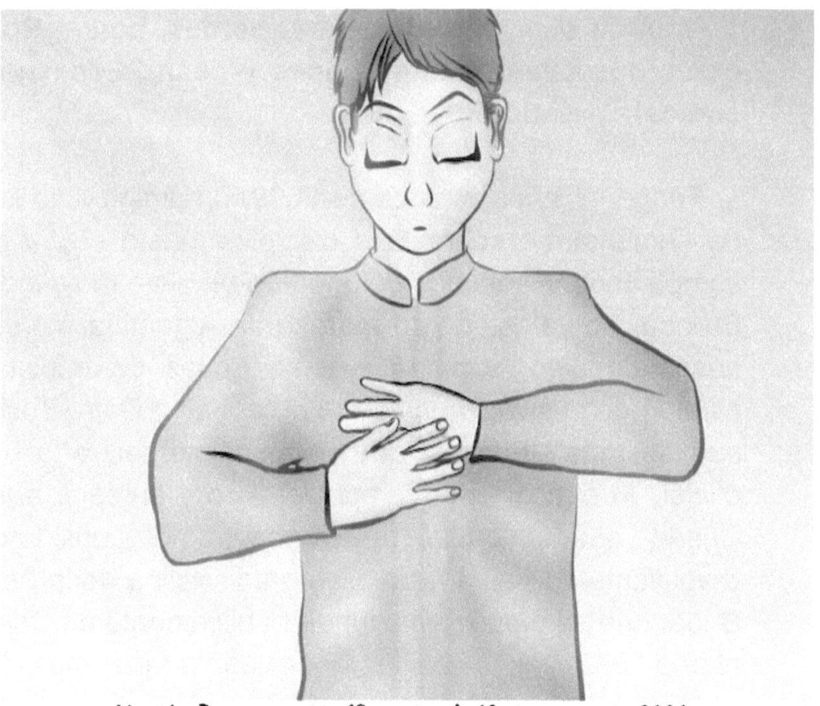

Martín Pennacchietti (Argentina). 18 de mayo de 2020.

"Falun Dafa me cambió la vida. En esta enseñanza encontré las respuestas que siempre había buscado"

ENTREVISTAS DESDE EL CONFINAMIENTO

Buenos días para ti, buenas tardes, aquí. ¿Podrías contarnos cuántos años tienes y cuándo comenzaste con esta práctica?

Tengo 41 años. A fines de 2009, un amigo tuvo la idea de comentarme sobre esta disciplina, justo el día de mi cumpleaños. Habíamos compartido un viaje muy lindo por Europa. Yo ya estaba de regreso en Argentina. Yo estaba buscando algo, sabía que tenía ganas de transitar un camino de cultivación, y el me dijo: "Falun Dafa. Busca de qué se trata". Fue así que entré a internet, a la página oficial. Al otro día me compré el libro y empecé a leerlo. Desde ese entonces hasta hoy, me considero un practicante de Falun Dafa. Es una disciplina de la Escuela Buda, que se empezó a difundir públicamente en China en el año 1992, y en solo siete años llegó a tener más de 100 millones de practicantes en toda China. Lamentablemente, a partir de 1999, comenzó a ser perseguido dentro de China.

Me gustaría contarles la belleza de la cultivación, que es todo lo bueno que yo recibí, y después, revelar un poco de lo que está pasando en China. Falun Dafa se define con una palabra china que es Xu Lian: Cultivación y refinamiento. La cultivación es la asimilación de los principios de la disciplina, que son Verdad, Benevolencia y Tolerancia. Falun Dafa tiene un libro principal, disponible para descargarlo gratuitamente de la web. Se llama "Zhuan Falun".

https://es.minghui.org/s/docs/ZFL2017-online.pdf

ENTREVISTAS DESDE EL CONFINAMIENTO

Fue traducido a muchísimos idiomas, pueden seleccionar el que quieran en la página y bajarlo a PDF. Es totalmente gratuito, para uso personal. Falun Dafa es una disciplina difundida de forma masiva y gratuita, ya que no tiene escuelas ni maestros. A través de la lectura de este libro uno encuentra la guía para transitar este camino de cultivación. Básicamente, en un nivel inicial, tiene que ver con ser una buena persona, ya que "Verdad, Benevolencia y Tolerancia" son principios universales. A medida que uno va avanzando, puede comprender cada vez más profundamente de qué se trata. Mucha gente se pregunta ¿Qué es la Verdad? ¿Significa "Decir la verdad"? No. La Verdad es un principio universal.

El otro día, hablando con este amigo que me llevó a conocer la práctica, estuvimos hablando de la simbología de los caracteres chinos de las palabras Verdad, Benevolencia y Tolerancia: Zhen 真 Shan 善 Ren 忍 Éstos tienen un significado interno muy profundo.

En China llaman el "Tao", a transitar este camino de cultivación. Me gusta pensarlo como un camino que, todos los días, tiene una bifurcación, un lugar donde se debe elegir por dónde ir. Y la lectura de este libro te da la posibilidad de tener sabiduría para saber qué camino elegir en la vida.

La palabra "Lian" significa refinamiento. Falun Dafa tiene un juego de cinco ejercicios de chi kung de alto nivel, cuatro de ellos son parados (de pie) y el quinto es una meditación, sentados.

ENTREVISTAS DESDE EL CONFINAMIENTO

Estos ejercicios sirven para cultivar el cuerpo. Trabajan sobre los canales de energía del cuerpo, y son muy poderosos. Te otorgan un cuerpo sano y libre de enfermedades. Pero hay algo importante. Nosotros decimos que, si uno busca, no obtiene nada. Entonces hay que saber obtener sin buscar. Mucha gente, cuando escucha que estos ejercicios pueden sanar tu cuerpo, vienen con ese propósito a la práctica. Hay que hacer los ejercicios con un corazón puro, de cultivarse y mejorar como persona. Y para entender realmente en qué consisten la cultivación y el refinamiento, basta con leer el libro. Allí está todo detalladamente explicado.

Yo comencé a practicar en Rosario, Argentina. Durante los dos primeros años tuve la suerte de poder asistir cinco días por semana a un "sitio de práctica", que es como llamamos al espacio público, sea una plaza, un parque, donde practicamos y transmitimos a la gente interesada. En esa ciudad, durante esos dos años, tuve la oportunidad de conocer a muchísima gente, y eso me dio una alegría interna muy linda. Porque lo que las personas sienten la primera vez que hacen los ejercicios, es algo maravilloso. Es muy difícil describir la sensación que uno experimenta. Cada uno lo siente de una manera diferente. Pero, también puede pasar que alguien no sienta nada. En mi caso, primero leí sobre Falun Dafa y ni siquiera sabía que tenía estos ejercicios. Cuando lo supe, empecé a realizarlos por mi cuenta. Pero cuando empecé a practicar en grupo, sentí una cosa que nunca antes había experimentado.

Entonces, ¿estos cinco ejercicios son sencillos? ¿No hace falta ser un yogui o tener mucha elasticidad?

Exactamente. El primer libro que salió se llamó "Falun Gong de China", y dos años después se publicó el que mencionamos antes, "Zhuan Falun". En ese primer libro están explicados cada uno de los movimientos, punto por punto, y los beneficios que cada uno trae.

https://es.minghui.org/s/docs/flg_dymf.pdf

Son muy fáciles de realizar y lo pueden hacer desde niños pequeños hasta mayores, con problemas de salud. Son movimientos lentos de mano. El quinto, como decíamos, implica una meditación donde hacemos el doble loto - cruzar una pierna sobre la otra -. Me costó mucho lograrlo, exactamente un año. Durante ese año atravesé mucho sufrimiento, pero lo que obtenía a través de ese sufrimiento era algo maravilloso. No es algo impuesto, sino algo que sale del corazón. Vas viendo los resultados día a día, y eso te alienta a querer hacerlo mejor. En función de lo que uno recibe, lo que entrega es nada. Y, sobre todo, los que atravesamos el camino de cultivación es sacarnos todas las cosas "malas" del ser humano. Envidia, resentimiento, lujuria. En español le llamamos "apegos". En inglés lo tradujeron como "attachment". Es decir, son como cosas adjuntas que no son nuestras. Es un proceso diario, y la meta final es alcanza la perfección espiritual.

Volvamos al libro "Zhuan Falun"...

ENTREVISTAS DESDE EL CONFINAMIENTO

Se trata de una lectura muy actual, muy amena. Y la recomendación que dice el maestro es leerlo de cabo a rabo. No detenerse en lo que uno no comprende, porque seguramente, más adelante vendrá la explicación. La traducción al español tiene muchos términos en chino, que no tienen una traducción literal al español. Se incluyeron, acertadamente, estos términos, y en la parte trasera del libro hay un glosario.

Quisiera transmitir algo, desde mi punto de vista personal. Estoy muy agradecido por la oportunidad de poder hablarle a la gente sobre esto. Como decía, practico desde hace diez años y hacía mucho tiempo que no tenía la oportunidad de hablarle a la gente sobre lo que significa Falun Dafa. A mí, esta disciplina me cambió la vida. Y todo lo que digo en esta entrevista, tiene que ver con mi entendimiento personal sobre el tema. El maestro siempre nos dice que tomemos el libro como maestro y hagamos nuestra propia experiencia. No hay palabras en el mundo para describir lo que yo sentí cuando leí este libro. En esta enseñanza encontré las respuestas que había buscado toda mi vida. De dónde venimos, a dónde vamos, cuál es nuestro propósito en la vida.

En China hay una frase que dice "Retornando al ser original y verdadero". En las creencias orientales, cada uno de nosotros somos un dios, que venimos de un mundo celestial donde nosotros mismos gobernamos, como reyes. Y que esta venida al mundo humano tiene que ver con atravesar un proceso para poder volver. Ese camino, el Tao, lo podemos transitar con el Falun Dafa.

Es esa guía que te da la posibilidad de volver a tu mundo celestial. Donde no hay sufrimiento y todo es belleza y armonía. Después de estos años, puedo decir que eso existe. Que dentro de nosotros hay un ser original y puro, que me recuerda a la bondad y la belleza de cuando éramos niños y podíamos vivir sin todo el condicionamiento que acarrea la vida social en el mundo humano. Cada cultura en el mundo te modela, te transforma. Pero esa pureza de los niños cuando se encuentran a jugar, a relacionarse entre ellos, me hace acordar a ese estado puro que aflora con la cultivación.

Esta es una disciplina que te mejora en el ambiente en el que te desarrollas. Un abogado va a ser mejor abogado, un médico va a ser mejor médico. Falun Dafa no cambia la esencia de la persona, sino que te reafirma y te hace mejor en lo que cada uno elije. Si bien encierra una creencia muy profunda, no tiene una forma religiosa. No hay templos, no hay maestros y se difunde de boca en boca, con el corazón de los que lo hacen.

Esta práctica comenzó a ser perseguida en China en 1999. Cuéntanos, por favor, por qué.

Recordemos que en 1989 hubo 10 días de protesta de estudiantes en la Plaza de Tiananmén. El gobierno decidió sacar a los militares a la calle, y acabar con eso. Fue una matanza muy grande. Literalmente, pasaban con los tanques por encima de la gente. La voz corrió por toda China, hubo un malestar muy grande. Entonces, el gobierno decidió ser más flexible y comenzó a permitir que se llevaran a cabo ciertas disciplinas de Chi Kung, yoga, Tai chi...

ENTREVISTAS DESDE EL CONFINAMIENTO

Podías ver en los espacios públicos a la gente practicando. En ese marco de vacío espiritual, en 1992 surge Falun Dafa, como decíamos, como Chi Kung de alto nivel. Un montón de gente la acogió en el corazón. En 1999, cuando el gobierno vio que la cantidad de practicantes superaba a la cantidad de afiliados al Partido Comunista, tomó la decisión de erradicar la disciplina.

Desde mi punto de vista, la persecución se debe a que Falun Dafa revivió los valores tradicionales de la antigua cultura china, una cultura de 5.000 años, que cree en lo divino. Que tiene esa forma de buscar, todo el tiempo, ser una buena persona.

Luciano D' Amario (Argentina). 19 de mayo de 2020.

"No existe la derecha ni izquierda. Existen gobernantes psicópatas y émpatas"

ENTREVISTAS DESDE EL CONFINAMIENTO

Buenas tardes a todos. ¿Cómo estás, Luciano?

Bien, empezando con el calorcito en Madrid. Aunque no podemos salir con toda la libertad del mundo, por el arresto domiciliario, pero unas horas al menos, podemos.

Eso es. Seguimos arrestados. He visto tu curriculum, y algunas entrevistas tuyas. Dices que, desde pequeño, identificaste el mundo como un gran teatro ilusorio, te interesó desde siempre la Astrología, Freud, Jung, Química, y muchas ramas más. ¿Cómo te presentarías?

Me presentaría como un buscador de la verdad, al que se le fueron poniendo las cosas en el camino. Desde muy chiquito, el mundo me pareció muy difícil de estar en él. Mi padre era un buscador, pero era un geminiano un poco alocado, y buscaba a manotazos de ahogado. Entonces yo heredé esa parte, lo que pasa es que la desarrollé más que él. Él tenía un montón de libros: De Astrología, de I Ching, de Jung, de Freud. A los 13 años empecé a leer cosas de Numerología, y a los 15, cuando muere él, desde la Astrobioconexión, yo soy "heredero" universal de él. Yo cumplo años el 30 de octubre y él muere el 9 de noviembre, como que heredo lo bueno y lo malo. Él me pasa la posta para que yo siga desarrollando eso, a nivel inconsciente familiar.

Él era italiano, y lo llevaron a Argentina. Nunca volvió a Italia. Yo soy argentino, mi madre es argentina pero también hija de italianos.

ENTREVISTAS DESDE EL CONFINAMIENTO

Entonces, inconscientemente yo vine a España, con una excusa, a dar clases de ajedrez en Alicante. Porque aparte Argentina estaba pasando una etapa muy difícil.

Entonces viniste a España. Para ese entonces, ¿Qué habías estudiado, en qué habías profundizado?

Me formé como químico y como astrólogo en Argentina. Lo que pasa es que la Astrología es eterna. Hay que saber diferenciar lo que es el horóscopo de la revista o el periódico, eso no es Astrología. Otra cosa es la Astrología como magna Ciencia. Porque estamos dentro de un Cosmos, que está gobernado por leyes. La Tierra está dentro de un sistema solar, que, a su vez, está dentro de una galaxia. Y esa galaxia, dentro de un Universo. Y todo esto tiene influencia. Me encuentro con gente a la que le digo "Astrología" y me miran con cara de "Este debe ser un cuenta cuentos".

No, la Astrología es demasiado profunda. Tiene varias ramas, como la clásica, que viene de Grecia y Egipto. Luego la psicológica, que es más novedosa y une la Psicología de corte jungiano con la Astrología. Estoy formada en ambos, y estoy desarrollando la Astrología sistémica a través de la Astrobioconexión, y también, por mi formación en Química, estoy desarrollando Astromedicina, es decir, la influencia de los astros a nivel físico y mental.

Sin duda, muy amplio... Llevando todo a un terreno práctico, le hemos puesto un título a esta entrevista (en el directo), *"Descifrando el mito de tu vida"*. Cuéntanos el porqué del título.

ENTREVISTAS DESDE EL CONFINAMIENTO

La Astrobioconexión es una unión de herramientas de autoconocimiento: La Astrología, el árbol genealógico. Cada uno de nosotros venimos de nuestros padres, quienes, a su vez, vienen de sus padres. Y se van heredando cosas de ese árbol genealógico. Desde la Psicología sistémica, unida a la Astrología, se puede detectar muchísima más información.

La Astrología es inmensa, la Numerología es más pequeña, y luego está lo que es e Tarot, que es como una Astrología en cartón. Todo tiene su sentido. Luego tenemos lo que la persona está somatizando en su vida. Quizás viene una persona que está pasando una crisis existencial porque lo acaba de dejar con su pareja, ésto despierta algo. Te hace entrar en un ciclo de angustia, de tristeza, de plantearte la vida de otra manera. Lo que se ve, a través de la Astrobioconexión, es que encarnamos un mito. Es como que cada uno viene a representar un guion. Somos actores en nuestra propia vida. Creemos que es nuestra propia vida, pero hasta que no tomamos consciencia de un montón de programas inconscientes que están ahí, el libre albedrío es muy bajito.

Lo que se hace a través del proceso de Astrobioconexión es ir dándote cuenta de todo esto. Se utiliza también la hipnosis, las regresiones. Vas tomando consciencia de cuál es tu guion y por qué te pasa lo que te pasa. Quizás tenés una herencia de tu abuelo, que pasó por la Guerra Civil. En mi caso, nací en Argentina, pero todo mi árbol es europeo. Vengo a cerrar un ciclo de europeos que fueron a América. En algún momento, seguramente, volveré a Argentina.

ENTREVISTAS DESDE EL CONFINAMIENTO

Hay, por ejemplo, programas de mujeres que no se pueden quedar embarazadas, o de no pertenencia, un montón de cosas que están esperando ser descubiertas. Como decía Jung, mientras no pongas luz a tu inconsciente, éste seguirá actuando en tu vida, y tú le llamarás destino.

El bien más preciado es la libertad. Ahora estamos sufriendo este arresto domiciliario y echamos de menos salir, hacer las cosas que queremos. Aparte de la censura que estamos teniendo. Todo esto, sumado al miedo que hay, está generando en generaciones posteriores, y en la actual, un guion de vida futuro. Se está generando una nueva película.

Estas palabras que acabas de decir, realmente son terribles... Quizás algunos puedan hacer un trabajo para cortar eso, para que no pase a futuras generaciones. La pregunta es, cuántos lo van a hacer...

Por lo que estoy viendo y por lo que me cuentan las personas que comentan mis vídeos, la gente está muy dormida. Cada vez que voy al supermercado me quedo sorprendido por el pánico que hay en la gente. No sé si hoy o mañana, las mascarillas comienzan a ser de uso obligatorio. Yo, hasta el día de hoy no me puse una mascarilla, pero como será obligatorio, ya sabemos que después te meten una multa, que después reclamás... etc.

ENTREVISTAS DESDE EL CONFINAMIENTO

Nos están llevando a una situación de pérdida de libertad. La solución es espabilar, despertarse, unirse con gente afín. Los que quiera seguir dormidos, que sigan. Pero (hay que) empezar a generar redes de gente, sociocracias, es decir, comunidades de gente afín. ¿Cuándo me dijiste que cumples años?

El 5 de junio.

Justo ese día habrá un eclipse de luna, potente, porque va a tener un aspecto de "T cuadrada" con Marte y Neptuno. El Sol es el gobierno, la Luna es el pueblo. Marte es el dios de la guerra, Ares. Neptuno es Hipnos, dios de la hipnosis. Marte con Neptuno hacen que el pueblo se rebele. Habrá manifestaciones de gente que no se cree esta película.

Lo que no entiendo es que todavía haya gente que aun no se dé cuenta de esta manipulación que existe a nivel mundial. Entonces, se va a separar la paja del trigo, habrá gente va a estar de un lado, y gente que va a estar del otro.

A nivel político no existe izquierda o derecha. Existen psicópatas y émpatas. Comunismo, liberalismo... El neoliberalismo es la oligarquía que nosotros conocemos en Latinoamérica. Existe gente que quiere hacer bien las cosas, y gente que quiere manipular la situación y favorecerse.

ENTREVISTAS DESDE EL CONFINAMIENTO

Lo que quieren los psicópatas siempre es joder al otro y ganar ellos. Los empáticos equilibrados buscamos que gane el otro y ganar yo. Pero, hay toda una creencia de que por ser socialista, o de derechas... Fíjate lo que está pasando en España. Tanto Santiago Abascal, que es un patán, como lo es Pablo Iglesias, lo único que quieren es beneficiarse ellos de esta situación. Lo que hay que tener claro es que hay que dejar de hacer el idiota. No se puede estar buscando Justicia donde no la hay. Hay que buscar el bien común, y ya está. Porque puede comenzar a haber revueltas, entre personas que lo único que queremos es ser libres, vivir a gusto.

A mí me da igual los bandos, y creo que el problema es que esta crisis "enaltece" al otro bando (que no está gobernando), pero cuando llegue ese bando al poder, habrá otras crisis también. Y así eternamente. ¿Qué sistema político podríamos tener, entonces?

Creo que el sistema político más adecuado es la autarquía. Que cada pueblo tenga su gobierno propio. Una mezcla de autarquía y sociocracia u olocracia. Juntarse en pequeños grupos, generar asambleas de personas afines. Tú eres de Paraguay. Ese país puede vivir perfectamente de sí mismo, porque tiene un montón de recursos naturales. Tiene la represa de agua más grande del mundo. Argentina también puede vivir así. Lo que pasa es que esos pueblos están gobernados por personas que están abducidas por los poderosos del mundo. Tenemos a Alberto Fernández, en Argentina, que está comprado por Soros y quiere vacunar al pueblo.

ENTREVISTAS DESDE EL CONFINAMIENTO

Hasta que la gente no se empiece a unir y a plantar cara, pero no de forma violenta. Que se vaya uniendo, haciendo piñas, y desobediencia pacífica.

Por ejemplo, no dejar que nos pongan la vacuna. Una vacuna es un virus moribundo o muerto que nos lo meten en el organismo. Los macrófagos de nuestro cuerpo toman ese virus y se lo engullen, generando el anticuerpo específico. Entonces, ya tenemos el anticuerpo como para poder combatir ese virus. El dióxido de cloro cumple la misma función, pero de otra manera. Imagínate que tuve coronavirus, porque hace poco tuve un gripazo. Me tomé el dióxido de cloro y a los dos días estaba bien. ¿Qué fue lo que pasó? Que tenía el bicho, y el dióxido de cloro oxigenó mi cuerpo, y por el otro, oxidó la capside del virus. Es decir, los lípidos que cubren el ARN del virus, las patas con las que se enganchan en el tejido. Después es cuando vienen los macrófagos, generan el anticuerpo específico, y ya estás "vacunado" de manera natural.

Hay polémicas sobre las cuarentenas. Si son necesarias o no, si en tales países se llevan a cabo o no...

Esto no es una pandemia. Del bicho se murió solo un 0,7%. El resto que muere es por infartos, y otros problemas, y lo etiquetan "posible Covid19". Están dibujando los números. Las verdaderas epidemias son el cáncer, la depresión, los suicidios, el Alzheimer... Esto no es una pandemia, es una pLandemia. La mayoría de las personas mira la televisión. Es como aceptar que te hipnoticen malamente. Los medios de des-información masiva generan esa hipnosis colectiva.

ENTREVISTAS DESDE EL CONFINAMIENTO

Te vas al supermercado y una señora te dice "¡Cómo vas a salir sin mascarilla!". Claro, qué le podés decir a una señora que está en su casa viendo la televisión de fondo. El mundo va a cambiar mucho. Para bien o para mal. Si queremos que cambie para bien, hay que espabilar. Apagar la televisión, informarse de verdad de la manipulación a la que estamos expuestos, y responsabilizarse en salir de esta ignorancia y esta locura. Porque si no, estamos condenados a fracasar como Humanidad.

Volvamos a la Astrología, ya que controlas ese tema... Habías dicho el año pasado que ya habías visto que esto iba a pasar, más o menos en marzo. Pero, siempre me hago la pregunta... Las cosas ¿Están escritas, o no? Personalmente, creo que si influye la fecha de nuestro nacimiento en cómo somos. Pero no sé hasta qué punto el destino puede estar escrito en los astros.

La Astrología inclina, mas no determina. Es como nuestra programación inconsciente, estamos inclinados a actuar ese guion. En un 90 y pico por ciento, una persona que pasa de estos temas de auto-conocimiento, le miras la carta astral y le puedes decir eventos que le sucedieron, con mucha claridad. Pero cuando uno va tomando consciencia, ese guion tiene menos fuerza, aunque sigue teniendo influencia. Después tenemos la Astrología mundial, que es lo que dije en 2016. se podía ver que este año iba a haber una cuádruple conjunción entre planetas de mucho peso:

ENTREVISTAS DESDE EL CONFINAMIENTO

Plutón (*patógenos, plutocracia/gobierno oscuro*), Júpiter (*que iba a exagerar la historia*), Saturno (*que nos iba a reprimir y a guardar en casa*) y Marte (*que iba a encender la mecha*). Todo esto pasó en Capricornio, que, visto desde el Tarot, tiene que ver con el diablo. Y el planeta que está en domicilio, con mucha fuerza en Capricornio es Saturno. El diablo invitó a su hijo Júpiter y a su hijo Plutón, así como al dios Ares, de la guerra, a su casa, en un sector que tiene que ver con la salud, en un decanato que tiene que ver con Virgo.

Y fijáte dónde afecta el bicho. Afecta las vías respiratorias. Las vías respiratorias tienen que ver con Marte, la confianza en la vida. Marte rige el hierro, el bazo. Si el bicho ataca la hemoglobina, no hay respiración.

La Astrología es una Ciencia. Pero fue desprestigiada. J. P. Morgan, multimillonario, uno de los locos que montaron esta película desde finales del siglo XIX y principios del siglo XX, decía que los millonarios no necesitan de la Astrología, y los multimillonarios, sí. ¿Lo ves? Saben que la Astrología funciona.

Tú habías visto entonces esta conjunción de astro. Pero también dijiste que en junio veríamos la final del túnel. ¿Qué viste?

Lo que se ve es que el 24 de junio se empieza a ver esa luz. Pero también dije que este año va a ser difícil, porque se pueden generar otros rebrotes. Entonces, esa etapa difícil puede volver a iniciarse a finales de julio, intensificándose a partir de septiembre hasta el 7 de febrero de 2021.

ENTREVISTAS DESDE EL CONFINAMIENTO

Este es un año difícil, y hay que aceptarlo. Estaría vendiendo humo si digo que vendrá un periodo súper bonito. Pero esto nos sirve para despertar, y trabajar desde nuestra posición. Cualquier cosa que tenías pensado hacer hace años, es tu momento. Cosas que puedes hacer en tu espacio, en tu casa, encerrado. El tema es crecer. Y tampoco caer todo el tiempo es conspiraciones. Hay que estar informado, pero salir un poco de ahí, porque si no, hace daño.

ENTREVISTAS DESDE EL CONFINAMIENTO

Alejandro Nadal (España). 27 de mayo de 2020
"Creemos que puede llegar a los millones la cifra de practicantes de Falun Dafa que han muerto en manos del PCCh"

Alejandro Nadal (España). 27 de mayo de 2020

"Creemos que puede llegar a los millones la cifra de practicantes de Falun Dafa que han muerto en manos del PCCh"

ENTREVISTAS DESDE EL CONFINAMIENTO

Buenas tardes, muchas gracias por estar con nosotros. La verdad es que empezamos a conocer sobre Falun Dafa cuando le hicimos la entrevista a Yuan Lee, quien nos habló de la sustracción de órganos. Después, profundizamos un poco más con la periodista china Liwei Fu. A continuación hablamos con Martín Pennacchietti, un practicante de Argentina y hoy queríamos hablar con usted, para profundizar con alguien que practica en España. ¿Qué podría decirnos sobre Falun Dafa?

Antes que nada te agradezco la invitación y a los amigos que se están uniendo al canal para verme hoy. Falun Dafa es una vía de auto cultivación, milenaria china, para cultivar cuerpo, mente y espíritu. Sigue la tradición ancestral china de cultivación. Había unas vías que todos conocemos, como el Budismo, el Confucionismo y el Taoísmo, pero Falun Dafa es más individual, de maestro a discípulo. Esta vía de cultivación se ha ido legando hasta llegar a nuestros días, en China, que fue cuando Li Hongzhi lo hizo público en 1992, para que todo el mundo pudiera cultivarse.

No hay iglesias, no hay unos centros donde acudir para cultivarse. Lo hacemos siguiendo las enseñanzas, de forma individual. Uno tiene que evaluar cómo está cultivándose en función de dichas enseñanzas. Los principios son Verdad, Benevolencia y Tolerancia. Nosotros entendemos que estos principios están en todo, desde lo más pequeño hasta lo más grande, y que lo abarcan todo.

ENTREVISTAS DESDE EL CONFINAMIENTO

Tratamos de guiar nuestra vida diaria según estos principios. Ser siempre fieles a la verdad, ser benevolentes y tolerantes, pero estos conceptos abarcan mucho más que la palabra en sí. Y siguiendo las enseñanzas del libro Zhuan Falun, que es la recopilación de las conferencias que el señor Li Hongzhi fue dando alrededor de toda China. Y nosotros estudiamos este libro, lo tenemos presente en nuestro día a día, sobre cómo ser mejores personas y elevar nuestra calidad moral.

Hasta hace unos años sí se podía practicar en China, según he leído, hasta que Li Hongzhi comenzó a ganar mucha popularidad en ese país y ésto molestó al gobierno.

En China, cuando estaba terminando la Revolución Cultural, a mediados de los años 70, empieza a haber un movimiento de gente que desarrollaba capacidades que no son muy habituales. Por ejemplo, la de curar, de ver a través de sobres lo que está escrito dentro, etc. empiezan a surgir ferias para reunir a estas personas y surge un artículo de un niño que es capaz de leer con las orejas. En torno a esto empieza a haber mucho revuelo en China, y se empieza a hablar de un termino que es Chi Kung. Y cómo muchas personas a través de la práctica de unos ejercicios, mejoran sus capacidades y su salud. En un principio el PCCh no está muy de acuerdo con esto. Hay que entender que es un régimen que llega en 1949 siguiendo la ideología materialista comunista, en la cual no hay espacio para las creencias.

ENTREVISTAS DESDE EL CONFINAMIENTO

De alguna forma, esto le suena que está relacionado con aquello que están intentando erradicar. Entonces, al principio, hubo un poco de rechazo. Pero hubo una persona, dentro del mismo régimen, que lo vio como algo bueno, sobre todo de cara a promocionar la salud dentro de la sociedad china.

Entonces, en los años 80 hubo un *boom*, se empezaron a desarrollar muchas escuelas de gente que practicaba Chi Kung, sobre todo, para mejorar la salud. A principios de los 90, en una feria internacional de Chi Kung, se dio a conocer Falun Dafa, como un sistema de Chi Kung. Li Hongzhi empezó a recibir galardones, no solo él como maestro, sino la misma práctica. Empezó a extenderse por toda China, más que nada del boca a boca. Una parte, que no he comentado antes y que es muy importante, son los ejercicios. Aparte de las enseñanzas de este libro, practicamos unos ejercicios que son muy sencillos, y que sirven para, sobre todo, fortalecer los mecanismos de energía. Estos ejercicios te producen paz, armonía, bienestar, y te sientes con más energía. Entonces, Falun Dafa hacía hincapié no solo en los ejercicios, sino también, y sobre todo, en el aspecto moral, como eran las vías de cultivación ancestrales, tradicionales.

Como decía, la práctica se extendió por toda China y el señor Li Hongzhi estuvo dando conferencias. En 1993 en otra feria fue otra vez galardonado, como la práctica estrella de Chi Kung. Hasta 1999 se extendió rápidamente.

ENTREVISTAS DESDE EL CONFINAMIENTO

Se podía ver en los parques a miles y miles de personas practicando, a las 6 de la mañana. Incluso el mismo gobierno promocionaba, porque a través de encuestas y estudios vio que favorecía a la salud y ahorraba costes a la seguridad social china. Incluso, familiares de miembros del PCCh estaban practicando.

En 1999, el régimen descubre, a través de encuestas, que hay más de 100 millones de personas practicándolo en toda China. En aquella época, la población rondaba los 1.300 millones, con lo cual, casi una de cada 10 personas estaba practicando Falun Dafa. Pero seguro, todo el mundo conocía alguien que lo hacía. Ésto alertó mucho al PCCh, que en aquella época contaba con, entre 60 y 70, millones de miembros.

El líder de aquel momento, Jiang Zeming, vio esto como un movimiento que podía ser una amenaza para su control, y que, además, promovía principios tan buenos universales (Verdad - Benevolencia - Tolerancia), frente al régimen comunista que está basado en la mentira. Que no era benevolente, ni mucho menos. Que en 1989 había realizado la matanza en la Plaza Tiananmén, en la que murieron miles de estudiantes. Y nada tolerantes, por supuesto. Son principios que se oponen al PCCh y a lo que ha sido desde que llegó al poder, hace 70 años.

El detonante fue una concentración pacífica que hubo frente a la Zhongnanhai, sede del gobierno chino, en Pekín, de practicantes de Falun Dafa, que pedían que se liberase a unos practicantes que habían sido injustamente detenidos en otra localidad, en China, por protestar por un artículo difamatorio que había salido en un periódico, contra la práctica. Estos manifestantes estuvieron de forma pacífica, se pueden ver fotos en internet. Estaban leyendo libros, haciendo los ejercicios. Dicen que incluso, cuando se fueron de allí, recogieron los papeles del suelo.

Pero, Jiang Zeming, de alguna manera le asustó el poder de convocatoria que tenían. Es decir, no hubo una convocatoria de alguien que les animó a ir. Fue el boca a boca, de personas que querían pedir que sus compañeros fueran liberados. Y miles de personas se movilizaron. Si diez mil personas se pueden mover tan fácilmente, y había cien millones de personas practicando, podía ser preocupante para él.

Entonces, de forma unilateral, fue quien decidió comenzar la brutal persecución. Lanzó una máxima que era *"Arruínenlos económicamente, arruinen su reputación y arruínenlos físicamente"*. Empezó en 1999 una campaña, primero de difamación, a través de todos los medios de comunicación chinos. Después comenzaron los arrestos, a la gente que iba a protestar y a pedir que se pueda practicar libremente en los parques. Esta gente era detenida y enviada a centros de detención donde se les torturaba. A veces directamente les enviaba a campos de trabajos forzados, a los que ellos llaman "campos de reeducación a través del trabajo", sin juicio previo en ningún caso, en condenas de hasta cuatro años. Continúa así hasta hoy en día.

Es decir, el siguiente presidente que hubo, y el actual, continuaron con la persecución.

ENTREVISTAS DESDE EL CONFINAMIENTO

El PCCh es un régimen que funciona como una mafia. Para ascender dentro del mismo partido, uno tiene que hacer méritos. Tienes que cometer un crimen mayor, y de esa manera, se aseguran que no vas a denunciar a tu jefe, porque tú mismo ya estás implicado. Suelen ascender después de haber hecho méritos. Después de Jiang Zeming es Hu Jintao quien asciende al poder en China. Él ya tenía un historial de sangre detrás, con el genocidio tibetano. Da igual que cambie el presidente, el régimen comunista no cambia. Ellos están ahí para perpetuar el poder. Es una mafia que lleva 70 años en el poder, nadie lo ha votado, llegó después de una guerra civil.

El ascenso al poder se basa en luchas de facciones, la de Pekín contra la de Shangái, tradicionalmente.

La persecución no ha cambiado. Sí que ha habido una mayor respuesta internacional. En 2006, dos canadienses investigan unas alegaciones sobre la posibilidad de que se estén extrayendo órganos a la fuerza a practicantes de Falun Dafa en China. Entran en la página web de un hospital chino, y en la misma web, ofrecen un hígado en dos semanas. Eso es imposible si no tienes un banco de órganos disponible, si no sabes que en dos semanas alguien va a morir, y no sólo que va a morir, sino que su órgano va a ser compatible con el tuyo. España es líder en donación de órganos en el mundo, y se puede tardar un año y medio en conseguir un hígado.

ENTREVISTAS DESDE EL CONFINAMIENTO

Se van descubriendo cosas más graves, empieza a haber una alerta social, y el gobierno chino trata de ocultarlo más, y de mostrar una cara más afable al mundo. Anuncia que va a crear un sistema de donación de órganos, porque antes no tenían. O dice que va a cerrar los "campos de reeducación" a través del trabajo. Todas estas son medidas para poder lavar la cara, y dar apariencia de que no está sucediendo esto. Pero sigue sucediendo. De hecho, tenemos el dato de que durante esta pandemia ha habido trasplantes de pulmones. Esto es muy complicado de conseguir. En China, por cultura, no están acostumbrados a la donación de órganos.

¿Se sabe cuánta gente más o menos sigue practicando?¿Cómo transmiten la práctica, si no hay libertad?

Es muy difícil saberlo. Porque no sabemos tampoco cuántos han muerto. Confirmados, muertos por la persecución, sabemos que unos 4.000, 5.000. Pero nosotros creemos que puede llegar a los millones de practicantes de Falun Dafa que han muerto. Cuando un practicante queda detenido, no dan su nombre para que no sufrieran persecución sus familiares, amigos, las personas más cercanas. Es difícil, por todo esto, saberlo. Porque la gente no practica en la calle. En China, tienes que hacerlo en tu casa. Igual, en alguna zona puede que la persecución se haya aliviado, pero no tengo mucha noticia de ello.

ENTREVISTAS DESDE EL CONFINAMIENTO

Las organizaciones de Derechos Humanos ¿Denuncian estos hechos? ¿Presionan al gobierno chino?

Hay organizaciones que informan habitualmente sobre los abusos con los practicantes de Falun Dafa. Por ejemplo, Amnistía Internacional, Human Rights Watch, la Comisión de Derechos Humanos de Naciones Unidas. Han realizado informes sobre practicantes que han sido perseguidos y torturados. Poner presión a China, ¿Quién está dispuesto a poner presión al gobierno chino? Pero, por lo menos, informan de ello.

Los practicantes que están en China, ¿Saben que fuera de China ustedes los apoyan, con recogidas de firma, y denunciando la situación?

Sí, claro que lo saben. Ellos mismos están luchando desde dentro, se juegan la vida imprimiendo materiales que informan de la persecución. Haciendo llamadas a personas para que conozcan la verdad sobre el PCCh.

Para finalizar, ¿Podría contarnos un poco sobre su experiencia con esta práctica?

Yo estaba, en aquel momento, viviendo una etapa difícil, en 2005. Buscaba información sobre abusos de derechos humanos en Birmania, porque estaba interesado en hacer un documental.

De repente, vi en internet que estaba habiendo un genocidio en China, y me llamó mucho la atención los principios de Falun Dafa, y que estuvieran siendo perseguidos por estos principios. Aparte, yo tenía una búsqueda espiritual desde hacía varios años, pero no terminaba de encontrar algo que yo sintiera como verdadero.

Leí el libro y lo sentí muy cercano a mí. Sentí que respondía a muchas preguntas que no había conseguido responder de ninguna manera. Y sentí como el abrazo de un padre, como si alguien estuviera, de alguna forma, cuidando de mí. Descubrí la historia de un practicante chino que había viajado desde Estados Unidos a China, para tratar de que se emitiera en China un documental sobre la persecución. El PCCh detectó sus intenciones, lo detuvieron al llegar y lo condenaron a dos años de cárcel, donde fue torturado. Su historia me llegó mucho, me sentí identificado con él.

Empecé a investigar sobre él y comencé a pensar en la posibilidad de grabar un documental sobre él en Estados Unidos. A la vez, estaba empezando a practicar. Fui a Nueva York, Estados Unidos, donde se encontraba el centro contra la persecución, abogados y ONG.

ENTREVISTAS DESDE EL CONFINAMIENTO

Estuve durante tres meses haciendo entrevistas, viviendo en piso con otros practicantes y empecé a vivir en el día a día. Comencé a sentir mucha armonía, calma, paz. No tenia ruido en la cabeza. Me sentía ligero, me levantaba pronto, hacia los ejercicios, estudiaba el libro. Y después me dedicaba a hacer las entrevistas. No me había sentido así en mi vida.

Transcurridos los tres meses, volví a España. Recuerdo que fue entrar en casa de mis padres, de donde me había ido de un portazo, y lo primero que me dijo mi madre fue: "¿Qué te ha pasado?" Le pregunté por qué me decía eso y me contestó: "Porque brillas". Le conté lo que empecé a practicar y ella misma me pidió el libro.

Esto es algo que decide uno mismo. Es libre de empezar, como quiere, cuando quiere, y de dejarlo. Muchas cosas que no mes sentaban bien, como el tabaco y el alcohol, fueron cayéndose solas. Simplemente, no les vi sentido. Antes me decían que parecía más mayor de lo que era, y de repente, me empezaron a decir que parecía menor. En estos 14 años, no he tenido problemas de salud. Es algo que no he dejado nunca, sobre todo por la paz que me aporta. No es un camino de rosas, la cultivación consiste también en enfrentarse a dificultades y a problemas, y a través de eso, mirar dentro de uno mismo y ver qué tengo que cambiar, para mejorar.

No somos ángeles
no nos caímos del cielo
La gente que busca
el amor verdadero...

ENTREVISTAS DESDE EL CONFINAMIENTO

A lo largo de este confinamiento, hemos entrevistado a más personas. Esa gente corriente, de cualquier ciudad, como dice la canción. Como tú, como yo, que, a pesar de todo lo que sucede, ha sabido sacar su corazón más puro, y su valor. Durante los primeros días de cuarentena, ninguno teníamos muy claro qué estaba sucediendo.

En los medios de comunicación nos bombardeaban con noticias tremendas, y estábamos todos asustados, nerviosos y crispados. Sin embargo, conversar con el Dr. Hernán Rodríguez, infectólogo, nos trajo bastante calma. Nos contó cómo es el virus y qué medidas debíamos tomar, pero desde la más absoluta tranquilidad.

"En Paraguay, apenas se detectaron los dos primeros casos, los epidemiólogos y todo el equipo de Vigilancia de la Salud, consideraron que en Paraguay podía haber circulación comunitaria. Rápidamente se suspendieron las actividades que conllevaran aglomeración de personas", nos relataba. Me sentí tranquila de que en mi país, que no cuenta con muchos recursos hospitalarios, al menos se habían tomado decisiones de ese tipo, rápidamente.

"Nuestras manos son la parte de nuestro cuerpo que tienen contacto con todo lo que nos rodea. Tocamos muchos objetos: picaportes, pasamanos, nos damos apretones de manos. Entonces, se contaminan", recordaba. "Y si nos tocamos la cara, el virus puede entrar en nuestro cuerpo. Estamos cambiando las costumbre en nuestra manera de saludar, y estamos volviendo al buen hábito de lavarnos las manos". Además, insistía en la importancia de no visitar a las personas mayores para no ponerlas en riesgo.

ENTREVISTAS DESDE EL CONFINAMIENTO

"En los momentos de crisis, se agudiza el ingenio. Algunas ideas resultan y quedan como innovación. Es cuestión de ir evaluando cada idea, de tal forma a ayudarnos entre todos, tanto en la prevención como en el tratamiento", nos decía.

Aquella vez, después de la entrevista, recuerdo que me quedé mucho más tranquila. Sus palabras eran todo lo contrario al bombardeo mediático, y, desde ese día, ya no tuve miedo ni me puse nerviosa por la situación que estábamos atravesando.

Miguel Ángel Peña (República Dominicana): "Los libros han transformado mi manera de ser"

Conocí a Miguel Ángel Peña a través de una amiga y compañera de la radio. Él había estado en su programa, hablando sobre cómo ganar dinero a través de internet, aprendiendo Forex. Recuerdo que aquella vez no entendí mucho de qué se trataba eso, pero me había gustado su entusiasmo y su visión respecto a la importancia de formarnos y leer, para crecer. Después, comencé el curso de Forex y conocí a otros compañeros. A pesar de lo jóvenes que eran todos, me sorprendían la madurez y la espiritualidad que habían desarrollado. En ocasiones, cuando yo colapsaba por alguna situación vital, había acudido a Miguel, y me daba los mejores consejos, animándome.

ENTREVISTAS DESDE EL CONFINAMIENTO

Estábamos en tiempos de cuarentena, y pensé que sería súper interesante poder entrevistarle, para que llegara a mucha gente ese positivismo, tan necesario en momentos duros, y para orientarnos sobre cómo pasar estos días de encierro. "Yo recomiendo siempre una cosa, y es que, en cualquier cosa que hagas, des el 100%. Y que las hagas de corazón. Que la gente nunca se olvide del desarrollo personal.

Que nunca se olvide de crecer como persona. Yo tengo muchos libros, y esos libros han transformado mi forma de ser. Yo llegué a ser un tipo antipático, chulo y prepotente. Era un desastre. Los libros me han hecho ser mejor persona, mejor ser humano. Solamente se necesita una persona para cambiar el mundo, y ese eres tú mismo. Si cada uno adquiere esa forma de verlo, el mundo será mejor. Desarróllate personalmente, y aprovecha tu tiempo, porque una hora de tiempo, no se vuelve a recuperar. Aprovéchalo, porque el tiempo no vuelve. En vez de estar diez horas viendo Neftlix, coge un libro, mírate vídeos de desarrollo personal. Decía uno de mis mentores que, si hoy no sacrificas algo que tú quieres, lo que tú quieres será sacrificado toda tu vida".

Agradezco el haber conocido a Miguel Ángel. Pienso que en la vida, nada es casualidad, y, por algo sucede todo. Si no le hubiera conocido, este libro nunca hubiera visto la luz. Primeramente, porque él fue quien me invitó a esa reunión de Forex, sobre la que hablé al inicio de este libro.

ENTREVISTAS DESDE EL CONFINAMIENTO

Y, en segundo lugar, porque muchas cosas que aprendí con él, las puse en práctica durante esta cuarentena, sobre todo la que nos decía en la entrevista: "Hagas lo que hagas, hazlo con el corazón y dando el 100%".

Noelia Zaracho (Paraguay): La cura a su enfermedad, después de diez años

Conocí a Noelia durante la cuarentena, a través de las redes sociales, por el tema del dióxido de cloro. Desde el primer momento, ella me pasó información sobre su propia experiencia con esta sustancia.

Me di cuenta de que era una mujer muy espiritual, con afán de ayudar a los demás, y un gran corazón. Cuando me contó las maravillas que había logrado en su salud, con algo tan barato, consideré que mucha gente tenía que saberlo.

Su historia empezó hace muchos años, cuando le había picado una garrapata, en un campo, en Asturias. Pasado un año, comenzó a tener problemas de tiroides, dolores de cabeza, y éstos iban avanzando. Llegó a aceptar que tenía que convivir con ello. Pasados nueve años, había empeorado. Ya no podía casi trabajar, y le costaba hasta levantarse de su cama. Después de pasar por médicos de todas las especialidades, pero no daban con lo que tenía. Por coincidencias de la vida conoció a un médico hematólogo de Asturias, que estaba jubilado y trabajaba en Medicina privada.

ENTREVISTAS DESDE EL CONFINAMIENTO

Ella le llevó todas las pruebas que tenía, y él le mandó a hacer nuevas analíticas. Pasaron 20 días y él la llamó a la consulta. Noelia acudió, y lo primero que el médico le preguntó fue si le había picado alguna garrapata, o alguna araña. Ella le respondió que sí: una garrapata, hace diez años. El médico había dado con e problema: Enfermedad de LYME. "Me quedé helada. No sabía lo que era, pero como él me miró con cara seria, me asusté". Como ya llevaba tantos años, su enfermedad ya se había vuelto crónica. El médico le pasó un listado de otros profesionales, expertos en el tema. Algunos, con lista de espera. Noelia supo que hay enfermos de LYME que se habían quedado con Alzheimer, Parkinson o sin poder caminar, y el tiempo valía oro.

Finalmente, dio con una doctora, bióloga, autora del libro "LYME, la pandemia del siglo XXI". La doctora se encontraba dando conferencias por toda España, y no podía atenderla. Por lo que Noelia compró el libro, y, tras leerlo, se quedó mas tranquila, porque la autora indicaba que se podía curar, de forma natural, mediante la desparasitación y el dióxido de cloro.

Mientras esperaba su cita con otra doctora, de Medicina tradicional, realizó el protocolo de desparasitación natural que indicaba el libro, pero sin utilizar aun el dióxido de cloro. Cuando acudió a la consulta, ya se encontraba mucho mejor. Ya no le dolían los huesos, ni la piel, como le llegaba a suceder anteriormente. La doctora le mandó a hacer nuevas analíticas, y le indicó que se tratara con antibióticos, durante tres meses. El problema es que los antibióticos dañan la flora intestinal, pero lo tuvo que hacer igual porque era la única salida que veía.

Sin embargo, no dejaba de pensar en lo que el libro decía sobre el dióxido de cloro. En 2019 supo que se realizaría una conferencia y que precisamente, estaría allí Andreas Kalcker. Era su oportunidad para conocer el dióxido de cloro. Desde septiembre de 2019, lleva a cabo los protocolos con esta sustancia y no ha vuelto a tener los síntomas de antes. Y, si acaso le dolía algo, se lavaba con el dióxido de cloro y al día siguiente no le dolía nada.

Terminó de tomar sus antibióticos en marzo de 2019 y no ha vuelto a tomarlos. "Hay que tener muy claro que no es un producto milagroso. Si la gente quiere sanarse, tiene que empezar por su alimentación.

Yo me dediqué a leer mucho sobre esto, antes de comenzar. Yo recomiendo a la gente lea el libro de Andreas Kalcker, 'Salud Prohibida'. Allí tienen toda la información", nos contaba. Noelia ha vuelto a tener una vida normal, y se ha propuesto continuar, siempre, orientando a quienes, como le sucedió a ella, sufren de enfermedades que pueden ser curadas con el dióxido de cloro. ¡Y yo he ganado una amiga muy valiosa!

Fátima Reyes (Paraguay): "Vi gente morir al lado mío. Lo pasé muy mal"

Fátima tiene 49 años y lleva 15 en España. Comenzó a tener síntomas de coronavirus en marzo. Acudió al médico, nos contaba, y le recetaron medicamentos, pero seguía igual. Hasta que le dijeron que tenía que acudir al Hospital de La Paz. Le hicieron una placa y al ver los resultados, se tuvo que quedar ingresada. "Yo preguntaba todos los días qué es lo que tenía, si era coronavirus.

ENTREVISTAS DESDE EL CONFINAMIENTO

Me decían que era una neumonía", nos relataba. Finalmente, le dijeron que había dado positivo. Estuvo durante cinco días en Urgencias, tres de ellos, con oxígeno. "Durante esos días, lo pasé mal. Al lado mío se ha muerto gente, veía personas con sangre... Me quedé mal".

Después de eso, estuvo durante dos días en planta. Mientras nos relataba eso, le entraban ganas de llorar. *"Quiero agradecer a la gente que me estuvo apoyando todo el tiempo. Como yo no tengo familia aquí, mucha gente, de varios países, a través de Facebook me brindaron su apoyo",* relataba. *"También quiero agradecer a Esteban Giménez, el taxista paraguayo solidario, que me ayudó en todo momento".*

Fátima, después de esos siete días en el hospital, fue derivada a IFEMA. "Me trasladaron el 2 de abril. Estuve allí hasta el 13, es decir, casi 12 días. Como veía tanta gente, me asusté un poco. Le llamé a una amiga y dije que no sabía cómo iba a estar allí. Todo parecía una película", nos contaba.

A pesar de todo, rescataba el lado humano de esta crisis. "Yo les agradezco muchísimo a los médicos, a los enfermeros. Tanto en La Paz como en IFEMA, me trataron muy bien. No me puedo quejar. Cuidaban muy bien a la gente", recordaba. "A veces, me hacían estudios, y yo estaba usando mi teléfono. Me decían que siguiera hablando, sin problemas. Ellos hacían lo posible para que los pacientes estuviéramos bien, sabían que no podíamos ver a nuestras familias, que no nos podían visitar.

ENTREVISTAS DESDE EL CONFINAMIENTO

Es muy triste, porque la gente moría sin poder ver a sus familiares. Yo rezaba por los pacientes que estaban muy mal". Gracias a Dios, nos decía, ella está viva y puede contarlo, porque miles de personas en España no han tenido la misma suerte.

Con voz temblorosa, Fátima se despedía de nosotros. Aun lejos de su familia, salió adelante gracias a los médicos, enfermeros y el cariño de la gente. Una parte de mí, con tristeza, pensaba en cuántos inmigrantes pudieron haber muerto, lejos de su patria.

Antonio Rojas Sandoval (Paraguay): "Yo fui un niño pobre. Por eso, mi sueño siempre fue construir una escuela, para niños con escasos recursos"

Un amigo me habló de Don Antonio. Me había comentado que vivía en Austria, y desde allí, organizaba eventos solidarios para ayudar a niños con escasos recursos, en Paraguay. No dudé en contactar con él, me parecía muy humano e interesante el proyecto. "Soy de Villarrica. Siendo mayor de edad fui a Asunción, y después viajé por varios países", comenzaba así su relato. "Mi familia y yo vivimos durante muchos años en Villarrica. Conocemos la realidad que hay, sobre todo en cuanto a los niños. Organizábamos algunas actividades para ayudarlos, aunque nuestra situación tampoco era muy fácil, pero ayudábamos como podíamos", relataba. Ya cuando estuvieron viviendo en Austria, creó una asociación llamada *"Kinder mit Hoffnung"* (Niños con esperanza). "Realizábamos diferentes actividades, con amigos, aquí en Austria.

ENTREVISTAS DESDE EL CONFINAMIENTO

Recaudábamos dinero y lo recaudado, llevábamos a Paraguay. Visitábamos instituciones educativas y preguntábamos cuáles era las necesidades. Mayormente, era útiles escolares y vestimentas", explicaba.

"Pero, mi sueño siempre fue construir una escuela. Yo vengo de una familia muy humilde. Como anécdota, quiero contar que yo terminé la universidad con 56 años. Tardé muchos años, porque yo no tuve apoyo cuando lo necesité realmente", recordaba. Su sueño se hizo, prácticamente, realidad, porque edificaron lo que llaman un "local de apoyo", a 15 kilómetros de Villarrica. Así, pagan a docentes para que brinden clases de apoyo a los niños, que estudian en una escuela cercana, y con la cual tienen un convenio.

Con esta crisis mundial, las clases están suspendidas. "Estuve en Paraguay en marzo, el mes pasado, para preparar todo para las clases. En medio de eso, vino la pandemia y se cerró todo. La comunidad es muy humilde, viven del día a día. Por eso, el fondo que estaba destinado para la escuela, lo hemos utilizado para dárselo a los padres. Porque, si ellos están mal, nuestros niños también", indicaba. "Esa comunidad es muy humilde, nos hubiese ayudar a todos, pero nuestros fondos son limitados".

En el local también se enseñan oficios a los jóvenes, gracias a un acuerdo con el Servicio Nacional de Promoción Profesional (SNPP) del Paraguay.

Consideran que, si hay mano de obra calificada en Paraguay, más empresas podrán invertir allí. Cuando Don Antonio vuelve, cada año a su país, se encuentra con esos jóvenes, ya trabajando en empresas, o emprendiendo, gracias a esos cursos.

"Ayudar a otro es la alegría más grande que uno puede tener. Hay un dar y recibir en todo lo que hacemos. Cuando uno da, recibe, de una u otra manera. En este caso, los niños te dan alegría, un agradecimiento sin palabras, pero con su deseo de seguir adelante".

Don Antonio dejó atrás su ciudad, hace muchos años. Pero, en su corazón, están esos niños, que no tienen recursos. Él no quiere que pasen por lo mismo que él pasó.

Con esta crisis, millones de niños han perdido el año escolar, en todo el mundo. Y, entre ellos, otros tantos viven en hogares muy pobres. Pero, en un rincón de Austria, Don Antonio y los miembros de la fundación, están aportando su granito de arena. ¡Necesitamos de tantos Antonios! Necesitamos de gobernantes y ciudadanos con corazón...

ENTREVISTAS DESDE EL CONFINAMIENTO

LOS ARTISTAS
¿Qué haríamos sin ellos?

<u>Llegó la cuarentena</u>, y fueron ellos, los artistas, quienes sacaron su fuerza y energía, hasta de donde no había, para animarnos con sus directos en Facebook e Instagram, o para cantar desde sus balcones, a sus vecinos. Por eso, entrevisté a varios de ellos, a algunos ya los conocía, y otros, fueron grandes descubrimientos en esta época. Sin embargo, no sabemos cuándo podrán volver a subir a un escenario. <u>Quizás, sean los últimos en poder volver a trabajar.</u> Aquí, solo una muestra de su talento, como un homenaje a todos los artistas del mundo, en agradecimiento por su pasión y sacrificio. Desde hacía varios meses, llevaba entrevistando a diferentes artistas, tanto de Paraguay como de otros países. Admiraba sus horas de dedicación, su constancia, y por supuesto, el talento de cada uno.

Liz y sus aliados (Paraguay)

Liz sólo tiene 14 años, pero su voz es privilegiada. Junto a sus "aliados" nos deleita con polkas y guaranias, que son estilos tradicionales de Paraguay, y con baladas muy conocidas y bonitas. Sin duda, un futuro maravilloso les espera a estos grandes artistas.

https://www.facebook.com/watch/?v=246974189966903

Alberto Sánchez y Johannes Köppen

Uno es paraguayo y toca el arpa. El otro es alemán, y toca el saxofón. Durante el confinamiento, en Hamburgo, solían bajar a tocar para sus vecinos, muchos de ellos, ancianos que se deleitaban con valses alemanes, recordando viejos tiempos.

https://www.instagram.com/saxyarpa/

Duo Mboraihú

La ternura hecha dúo. Ella posee una voz angelical y él la acompaña con su romántica guitarra. En ellos, las guaranias del Paraguay cobran un sentido aun más hermoso. En sus directos de Facebook los acompaña su pequeña hija, Emma Cecilia, quien disfruta de cada canción.

https://www.youtube.com/watch?v=I5W7VZf_IF4&featu
re=youtu.be
https://www.facebook.com/D%C3%BAo-
Mborayh%C3%BA-610299462743683/

Grupo Natura

Un paraguayo, un venezolano y un mexicano. Con ellos, puedes disfrutar de cualquier ritmo latinoamericano, baladas y canciones populares de España. ¿Su deseo? Que la gente valore a los artistas. Que, cuando el confinamiento acabe, y ellos puedan volver a tocar delante del público, se premie su trabajo, pagando la entrada y valorando su esfuerzo.

https://youtu.be/9nb6EKRpWQI
https://www.facebook.com/gruponatura.net/

Alessandro Galas

Hijo de alemán y paraguaya, reside en Hamburgo. El día de la entrevista, tenía que haber estado tocando en España. ¿Su estilo? Música tradicional paraguaya, baladas y ritmos alegres. ¿Su sueño? Volver muy pronto a cantar en directo, cara a cara con el público.

https://www.youtube.com/watch?v=bZHyN4alLqQ&feature=youtu.be

https://www.facebook.com/AlessandroGalasOficial/

ENTREVISTAS DESDE EL CONFINAMIENTO

Mi conclusión en una banda sonora

Si has llegado hasta aquí, ¡Gracias! Espero que lo hayas disfrutado, y hayas aprendido aunque sea una cosa nueva, o se te haya quedado una idea bonita, una frase, un hecho...

Quería escribir una conclusión, pero quizás, sería algo aburrido para quien lo lea. A fin de cuentas, lo que importa es la conclusión que haya sacado cada lector. Pero, quiero dejarte la banda sonora que guardo en mi corazón, que se fue armando durante estos meses, a medida que realizaba las entrevistas.

Comenzamos...

Un senso – Vasco Rossi

https://www.youtube.com/watch?v=StRtFh01XUo

Quiero encontrar un sentido a esta noche
Aunque esta noche un sentido no lo tiene
quiero encontrar un sentido a esta vida
aunque esta vida un sentido no lo tiene
Quiero encontrar un sentido a esta historia
aunque esta historia un sentido no lo tiene
quiero encontrar un sentido a este deseo
aunque este deseo un sentido no lo tiene
¿Sabes qué pienso?
Que si no tiene sentido
mañana llegará
de todos modos mañana llegará.
Sientes qué buen viento
nunca basta el tiempo
mañana otro día llegará
Quiero encontrar un sentido a esta situación
aunque esta situación un sentido no lo tiene
quiero encontrar un sentido a esta condición
aunque esta condición un sentido no lo tiene
¿Sabes qué pienso?
Que si no tiene sentido
mañana llegará
de todos modos mañana llegará
sientes qué buen viento
nunca basta el tiempo
mañana otro día llegará
Mañana otro día... ya está aquí.
Quiero encontrar un sentido a muchas cosas
aunque muchas cosas un sentido no lo tienen

El progreso – Roberto Carlos
https://www.youtube.com/watch?v=LbcLbJJgJRc
...Yo quisiera no ver tantas nubes oscuras arriba
navegar sin hallar tantas manchas de aceite en los mares
Y ballenas desapareciendo
por falta de escrúpulos
comerciales
Yo quisiera ser civilizado
como los animales.
yo quisiera ser civilizado
como los animales.
Yo quisiera no ver tanto verde
en la tierra muriendo.
Y en las aguas de ríos los peces desapareciendo.
Yo quisiera gritar que ese tal
oro negro no es mas que un negro veneno.
Ya sabemos que por todo eso
vivimos ya menos.
Yo no puedo aceptar ciertas cosas que ya no comprendo.
El comercio de armas de guerra
de muertes viviendo.
Yo quisiera hablar de alegría
en vez de tristeza
mas no soy capaz.
Yo quisiera ser civilizado
como los animales...

ENTREVISTAS DESDE EL CONFINAMIENTO

Muérete tú – Alicia Ramos
https://www.youtube.com/watch?v=KkbSQm2JSlo
Declaraciones de Christine Lagarde, directora gerente
del Fondo Monetario Internacional:
"Hay que retrasar la edad de jubilación, y abaratar las pensiones,
porque la gente
está viviendo más de lo esperado".
He visto a la gente más brillante
de otras generaciones
mendigando por las calles
rebuscando en los contenedores.
Las pensiones no contributivas
de repente son un riesgo
para la estabilidad presupuestaria.
Pero nadie dice nada, ni una sola palabra
sobre tus jubilaciones millonarias
Si es por dinero, y sin acritud
¿No has pensado, seriamente, en morirte tú?
Si es por dinero, y por riesgo financiero
predica con el ejemplo, y muérete tú primero.
Tal vez tengas padre, madre
tal vez vivan todavía
si es así, ¿Cuánto consideras tú
que debería durar su vida?
Tal vez 11, no, mejor 16
que se disparan todas las primas
y hasta el sobrino del rey.
Todos esos viejos
para ti son garrapatas
desangrando nuestro Estado
con sus sucias cataratas.
Si es por dinero, y sin acritud
¿No has pensado, seriamente, en morirte tú?
Si es por dinero, y por riesgo financiero
predica con el ejemplo, y muérete tú primero.

Quien quiera oír, que oiga – Litto Nebbia
https://www.youtube.com/watch?v=Abt-PpOkBE8
Cuando no recordamos lo que nos pasa,
nos puede suceder la misma cosa.

Son esas mismas cosas que nos marginan,
nos matan la memoria, nos queman las ideas,
nos quitan las palabras

Si la historia la escriben los que ganan,
eso quiere decir que hay otra historia:
la verdadera historia,
quien quiera oír que oiga.
Nos queman las palabras, nos silencian,
y la voz de la gente se oirá siempre.
Inútil es matar,
la muerte prueba
que la vida existe...
Cuando no recordamos lo que nos pasa,
nos puede suceder la misma cosa.
Si la historia la escriben los que ganan,
eso quiere decir que hay otra historia:
la verdadera historia,
quien quiera oír que oiga.

Nos queman las palabras, nos silencian,
y la voz de la gente se oirá siempre.
Inútil es matar,
la muerte prueba
que la vida existe...

Sólo le pido a Dios – León Gieco

https://www.youtube.com/watch?v=SJrot1Flczg

Solo le pido a Dios
Que el dolor no me sea indiferente
Que la reseca muerte no me encuentre
Vacía y sola sin haber hecho lo suficiente
Solo le pido a Dios
Que lo injusto no me sea indiferente
Que no me abofeteen la otra mejilla
Después que una garra me arañe esta suerte
Solo le pido a Dios
Que la guerra no me sea indiferente
Es un monstruo grande y pisa fuerte
Toda la pobre inocencia de la gente
Es un monstruo grande y pisa fuerte
Toda la pobre inocencia de la gente
Solo le pido a Dios
Que el engaño no me sea indiferente
Si un traidor puede más que unos cuantos
Que esos cuantos no lo olviden fácilmente
Solo le pido a Dios
Que el futuro no me sea indiferente
Desahuciado está el que tiene que marchar
A vivir una cultura diferente
Solo le pido a Dios
Que la guerra no me sea indiferente
Es un monstruo grande y pisa fuerte
Toda la pobre inocencia de la gente
Es un monstruo grande y pisa fuerte
Toda la pobre inocencia de la gente

Ahora, coraje – Víctor Heredia

https://www.youtube.com/watch?v=eUTbqMKMuJQ

Con qué criterio escribo nuestro dolor
si no se trata sólo de una canción.
Con qué excusa te digo que tengas fe
si yo mismo padezco la misma sed.
Año tras año vemos como se van
por la letrina del colonizador
la libertad y el sueño del soñador.
¡Coraje! ¡Coraje! La unión hace la fuerza
y un corazón americano crece a la luz del sol.
Qué flota de gigantes barcos de azul
habrá que conseguir para despistar
la furia del terrible desdichado,
para que no desdiche esta libertad.
Quizás en tu portafolios quieras guardar
durante algunos días esta ilusión
que lleva la consigna del amador.
¡Coraje! ¡Coraje! La unión hace la fuerza
y un corazón americano crece a la luz del sol.
Abre todas las puertas de par en par
para que el viento lleve adentro de tu hogar
el polen bullicioso de nuestra flor,
para que crezcan miles, más de un millón.
Camina sobre el hambre, fuerza y valor,
que la consigna crezca como el amor
y canta con nosotros nuestra canción.
¡Coraje! ¡Coraje! La unión hace la fuerza
y un corazón americano crece a la luz ...

ENTREVISTAS DESDE EL CONFINAMIENTO

Eso es lo que esperan que hagamos – Alicia Ramo

https://www.youtube.com/watch?v=R-20IPO1ZdM

Pongo las botas sobre el taburete
mientras cuento monedas y pocos billetes,
una noche más.
Vino más gente que el último día
pero no se quería, o no se podía
o algo hice mal.
No sigas las voces que escuchan al amo
no apagues tus cuerdas
ni bajes las manos
porque eso es exactamente
lo que esperan que hagamos.
Te siguen el frío, el hambre y la muerte
te acechan, te muerden,
y tocas más fuerte
una noche más.
Hay veces que ganas
y hay veces que aprendes
y nadie pregunta si tocas el viernes
o no, al final.
Aquí no hay destellos
de luz, ni oropeles
ni un gran escenario en Colón
o en Cibeles
yo escribo desde el más bajo
de los Carabancheles.
Eh, de los Carabancheles.
No sigas las voces que escuchan al amo
no apagues tus cuerdas
ni bajes las manos
porque eso es exactamente
lo que esperan que hagamos.

ENTREVISTAS DESDE EL CONFINAMIENTO

Gente – Laura Pausini

https://www.youtube.com/watch?v=P8G4H5qIcU8
(y un vídeo- recuerdo):
https://www.facebook.com/watch/?v=577764262814518

Una vez más casi continuamente,
Vuelve a caer y volverá a equivocarse
Mucho más fuerte si cabe
La vida es un hilo en equilibrio,
Que al separar dos puntos equidistante
Puede acercarles
Y cada día juntos haciendo sólo un metro más
Se necesita todo, todo lo bueno y lo malo que tengas en ti
Aunque después te baste una sonrisa
Para fundir todo un invierno de hielo
Para empezar desde cero
Porque no hay un límite para nadie
Que dentro de él tenga valores eternos
No hay más misterio

No somos...
Ángeles, no nos caímos del cielo
La gente que busca el amor verdadero
Gente que quiere un mundo sincero
La gente corriente de cualquier ciudad
Prueba y verás que siempre hay algo nuevo
Dentro de ti para empezar otro vuelo
Directo al cielo

No somos...
Ángeles, no nos caímos del cielo
La gente que busca el amor verdadero
Gente que quiere un mundo sincero
La gente que unida lo cambiará
Gente que quiere un mundo sincero,
La gente que unida lo cambiará

Unida lo cambiará, lo verás,
Gente que luchará
Unida lo intentará, lo verás
Gente que arriesgará
Unida lo logrará, lo verás
Gente que cambiará

ENTREVISTAS DESDE EL CONFINAMIENTO

Bibliografía

- Maskebellas. Nombre de mis dos páginas de Facebook y siete canales de Youtube. Todos fueron eliminados por la censura.

- Cristina Muñoz (España). Coach de salud y negocios, conferenciante y formadora.
https://www.facebook.com/ElUniversoDeCris
https://www.instagram.com/eluniversodecris

-Director de la OMS
https://www.infobae.com/america/mundo/2020/04/14/crece-el-escandalo-taiwan-revelo-los-correos-que-le-envio-ala-oms-en-diciembre-alertando-sobre-la-epidemia-del-coronavirus

-Cascos azules de la ONU permitirán el tráfico de mujeres en la posguerra bosnia:
http://www.tranviasydeseos.com/index.php/espectaculo/cine/criticas-decine/item/1257-the-whistleblower-la-verdad-oculta

-Haití y los cascos azules
https://www.biobiochile.cl/noticias/internacional/americalatina/2019/12/19/acusan-que-cascos-azules-abusaron-de-cientos-de-mujeres-e-incluso-de-ninas-de-11-anos-enhaiti.shtml

ENTREVISTAS DESDE EL CONFINAMIENTO

- Tedros y el coronavirus
https://www.libertaddigital.com/ciencia-tecnologia/ciencia/2020-04-25/estado-alarma-coronavirus-tedros-adhanomdirector-oms-marxista-amigo-china-epidemias-1276656525

- Andreas Kalcker, biofísico alemán y promotor del CDS o MMS, dióxido de cloro

-Efectividad del Dioxido de Cloro:
https://lbry.tv/@JMPERIS:6/Mas-de-100-Casos-de-Covid-19-recuperados

- Josep Pamies : Plantas Medicinales y dolca revolucio
https://joseppamies.wordpress.com/category/stevia/
https://dolcarevolucio.cat/language/es/portada/

- BBC plantas medicinales
https://www.bbc.com/mundo/cultura_sociedad/2010/06/100605_hierbas_medicinales_paraguay_lr

-Peter Gotzsche, medico contra las farmaceuticas
https://kaosenlared.net/peter-gotzsche-la-industria-farmaceutica-les-miente-a-los-medicos/

-Marco Pizzuti
https://www.edicionesobelisco.com/autor/1168/marco-pizzuti
https://www.altrainformazione.it/wp/

ENTREVISTAS DESDE EL CONFINAMIENTO

-Manel Bellester, Doctor y Catedrático en Medicina (Cardiología)
https://www.youtube.com/watch?v=mbrqkAr7Gsw&fbclid=IwAR09-pK-K5WO0nNCr2P0-zTYuHZDXzdRh_g1bHP1hdllGRfH6jqJLOXMOQ&

-Constitución española, en la Declaración de Helsinki
https://es.wikipedia.org/wiki/Declaraci%C3%B3n_de_Helsinki

-Datos sobre hypericum perforatum:
https://www.avogel.es/enciclopedia-deplantas/hypericum-perforatum.php

-Luis Carlos Campos, macroestafa del sida
https://contraperiodismomatrix.com/tienda/la-macroestafa-del-sida

- Juego de cartas de Jackson Illuminati
https://blogs.publico.es/strambotic/2017/09/juego-illuminati/
https://www.cia.gov/library/abbottabad-compound/06/0656E0017C5A226C916B973129795A83_Smoking.Gun.Proof.-.Illuminati.Planned.to.Bring.Down.Our.Culture..3.of.5.pdf

–Inventor del Motor de Agua
https://noticias.coches.com/noticias-motor/el-creador-del-motor-de-agua-que-murio-envenenado/33686

ENTREVISTAS DESDE EL CONFINAMIENTO

-Bert Hellinger, el creador de las constelaciones familiares.
https://www.institutgestalt.com/constelaciones/familiares/

-Ramón Freire Conferencista, coach, experto en sonido y neurociencia.
https://www.ramonfreire.cl/bitacora/

-Enfermedades de garrapatas en Europa.
https://alcelyme.org

-Enfermedades curadas con el dióxido de cloro
https://www.facebook.com/nzaracho

- Kinder mit Höffnung (Niños con esperanza)
https://kindermithoffnung.jimdofree.com

ENTREVISTAS DESDE EL CONFINAMIENTO